"双创"背景下
大学生创业教育与法律问题研究

刘 媛 ◎著

图书在版编目(CIP)数据

"双创"背景下大学生创业教育与法律问题研究/刘媛著.--北京：中国经济出版社，2020.10
ISBN 978-7-5136-6371-7

Ⅰ.①双… Ⅱ.①刘… Ⅲ.①大学生—创业—研究 Ⅳ.①G647.38

中国版本图书馆 CIP 数据核字(2020)第 195494 号

责任编辑　孙晓霞
责任印制　马小宾
封面设计　押晓峰

出版发行	中国经济出版社
印 刷 者	北京建宏印刷有限公司
经 销 者	各地新华书店
开 本	710mm×1000mm　1/16
印 张	11.25
字 数	216 千字
版 次	2020 年 10 月第 1 版
印 次	2020 年 10 月第 1 次
定 价	58.00 元

广告经营许可证　京西工商广字第 8179 号

中国经济出版社 网址 www.economyph.com 社址 北京市东城区安定门外大街 58 号 邮编 100011
本版图书如存在印装质量问题,请与本社销售中心联系调换(联系电话:010-57512564)

版权所有　盗版必究(举报电话:010-57512600)
国家版权局反盗版举报中心(举报电话:12390)　服务热线:010-57512564

前言

当前,随着科技的发展和经济形势的转变,高校毕业生的就业形势十分严峻,为了缓解这一问题带来的负面影响,我国提出了"提高自主创新能力,建设创新型国家"和"创业带动就业"发展战略,李克强总理也提出了"大众创业,万众创新",这引发了高校对创新创业教育的重视,也激发了大学生创新创业的热情。

创业是一项复杂的工程,会涉及方方面面的知识,也需要大学生具备良好的综合素质,其中,法律素质尤为重要。大学生在创业过程中会不可避免地遇到各种法律问题,了解必要的创业法律知识,具备一定的创业法律素养是创业的必备条件。

"双创"背景下,大学生创业教育有了新的发展方向,本书以"双创"背景下大学生创业教育与法律问题为研究内容,首先介绍了"双创"提出的背景和意义,并对"双创"政策与环境进行了分析与解读;然后介绍了大学生创新创业教育的相关理论,并列举了在大学生创新创业教育过程中的实践探索,以及"双创"背景下大学生创新创业教育的融合发展策略;最后对"双创"背景下大学生创业中的法律问题进行了阐述。

本书共有七章。第一章着眼于我国的现实国情,对"双创"理念的提出背景和提出意义进行分析,并对"双创"的具体内容与政策环境予以解读。第二章以大学生创新创业教育理论与实践探索为重点,首先介绍了大学生创新创业教育相关的理论知识,然后通过列举国内外大学生创新创业教育的典例来探讨继续深化我国大学生创新创业教育的途径。第三章以我国高校创新创业教育的发展现状为依据,通过分析关系到创新创业教育改革的核心问题,探索有利于创新创业教育发展的新路径与新策略。第四章从大学生创业的法律实务角度入手,首先介绍了大学生创业相关的法律法规和政策;然后指出了大学生知法、懂法的必要性,以及对大学生创业法律问题进行研究的必要性;随后介绍了大学生法律素质培养的内涵及内容;最后指明了大学生在创业过程中规避和降低法律风险的方法。第五章对大学生在实现创新创业过程中可能面临的合同法律问题、物权法律问题、知识产权法律问题进行讲解,以帮助大学生在创业道路上少走弯路。第六章针对大学生创业过程中常见的法律问题,如企业的组织与设立、依法经营与开展正当竞争、企业的解散与清算及其他常见的法律纠纷,给出了相应的处理方式或建议。第七章以大学生创业中常见的法律问题处理为重点,主要介绍了技术创新成果许可的实施、技术创新成果资本化的方法、依法享受技术创新的税收优惠及其他常见的技术创新法律问题处理。

  本书在编撰过程中吸收和借鉴了多位专家、学者关于"双创"时代下创业教育与法律问题的研究成果,在此向他们表示衷心的感谢。由于编者能力水平有限,书中难免存在疏漏与不妥之处,也期望广大同仁、读者给予批评指正。希望本书能为关注我国创业教育与创业法律问题的相关工作者提供一定的理论和实践指导。

刘 媛

2020 年 4 月

目 录

第一章 "双创"背景概述 ············ 1
第一节 "双创"理念的提出与意义 ············ 1
第二节 "双创"政策解读与环境分析 ············ 5

第二章 大学生创新创业教育理论与实践探索 ············ 12
第一节 大学生创新创业教育理论认识基础 ············ 12
第二节 国内大学生创新创业教育的基本模式和发展路径 ············ 21
第三节 国外大学生创新创业教育范例与启示 ············ 29

第三章 "双创"背景下大学生创新创业教育的融合发展研究 ············ 34
第一节 我国高校创新创业教育的现状分析 ············ 34
第二节 我国高校创新创业教育革新的核心问题 ············ 43
第三节 "双创"时代大学生创新创业教育发展的新路径 ············ 48
第四节 "双创"时代大学生创新创业教育发展的新策略 ············ 50

第四章 大学生创业的法律实务 ············ 62
第一节 大学生创业相关的法律法规及政策解读 ············ 62
第二节 大学生知法、懂法的重要意义 ············ 67
第三节 大学生创业法律问题研究的必要性 ············ 69
第四节 大学生创业法律素质培养 ············ 70
第五节 创业过程中规避和降低法律风险的方法 ············ 76

第五章 大学生创新创业相关的法律问题研究 ············ 88
第一节 大学生创新创业中的合同法律问题 ············ 88
第二节 大学生创新创业中的物权法律问题 ············ 104
第三节 大学生创新创业中的知识产权法律问题 ············ 108

第六章　大众创业背景下大学生创业常见的法律问题处理……………118
　　第一节　企业的组织与设立……………………………………………118
　　第二节　依法经营与开展正当竞争……………………………………129
　　第三节　企业的解散与清算……………………………………………140
　　第四节　常见的法律纠纷处理…………………………………………145

第七章　万众创新背景下大学生创新常见的法律问题处理……………153
　　第一节　技术创新成果许可的实施……………………………………153
　　第二节　技术创新成果的资本化………………………………………159
　　第三节　依法享受技术创新的税收优惠………………………………163
　　第四节　万众创新中常见的法律纠纷处理……………………………166

参考文献……………………………………………………………………176

第一章 "双创"背景概述

大众创业、万众创新理念的提出,是顺应国内外经济发展形势的必然结果,有助于增强全面深化改革的动力与活力。在我国,"双创"既是发展的动力之源,也是富民之道、公平之计、强国之策。本章着眼于我国的现实国情,对"双创"理念的提出背景和意义进行分析,并对"双创"的具体内容与政策环境予以解读。

第一节 "双创"理念的提出与意义

所谓"双创",即"大众创业、万众创新",由李克强总理于2014年9月在夏季达沃斯论坛上首次提出,此后"双创"开始作为一项工作在全国范围内逐渐推广开来。了解"双创"理念的提出背景与现实意义,是释放全社会创新创业潜能的前提与基础,下面将对此展开详细分析。

一、"双创"理念的提出背景

(一)经济新常态成为显著特征

经济新常态是我国经济的主要发展特征。下面将从时间、空间、时空结合三个角度,对经济新常态的内涵进行阐述。

1.时间角度

随着社会的不断发展,我国经济在不同的发展阶段呈现不同的变化,这种变化最终形成的结果即经济新常态。

改革开放的不断深化推动了我国经济的稳步提升,我国经济的发展可谓"突飞猛进",但与此同时,一些隐藏在经济新常态下的问题也逐渐浮出水面。就目前而言,我国经济的发展主要面临三重困难,即经济增速调整困难、调整阵痛困难、刺激政策消化困难。经济增速调整困难要求适度放缓经济发展的速度；调整阵痛困难要求加快对经济产业结构的调整，大力扶持高新技术产业，消化资源密集型产业和低产能产业；刺激政策消化困难要求我国转变经济发展的动力，不能再依靠资源密集型产业和劳动力密集型产业的带动，而应在经济发展过程中注入新的创新力量。

2.空间角度

经济新常态反映了我国经济在国际形势下存在的两大问题，一是国际产业分工遇到困难，二是出口优势减弱。从整体来看，我国发展国际贸易的势头持续向好，并已成为世界范围内的贸易大国，但根据国际经济贸易的经验，如果一个国家的出口贸易总额占据世界出口贸易的10％左右，就会开始出现增速下降的情况，一旦到达拐点，将难以继续高速增长。因此，我国不能仅依靠对外出口来拉动经济的增长，而应更加重视内需的扩大与创造力的提升。

3.时空结合角度

随着经济发展的内外部环境变化，我国的经济发展趋势呈现以下特点：第一，增速由高速转为中速，发展方式由注重速度、规模转为注重效率、质量；第二，经济发展结构由以增量扩能为主，转为做优增量、调整存量并存；第三，促进经济发展的动力因素由资源、劳动力转为创新力、创造力。

要想使我国经济的发展更进一步，就要依靠技术进步，持续不断地提高要素质量，打造经济增长"双引擎"。一方面，对传统引擎进行升级与改造，增加公共产品、公共服务的供给；另一方面，培育打造新引擎，推动大众创业、万众创新的进程。

（二）全面深化改革的关键时期

全面深化改革，是"四个全面"战略布局中最具突破性和先导性的环节。近年来国家出台的一系列改革政策，如发挥市场在资源配置中的决定性作用、推进商事制度改革、设立中小企业发展基金、支持众创空间建设等，均为"双创"创造了有利的政策条件。

从某种意义上讲，"双创"本身就是一种改革，是一个解放生产力、发展生产力的过程。人民群众拥有资金、劳动力等诸多生产要素，其不仅是消费主体，同时也是生产主体，是具备创业条件的。如果能有越来越多的具备创业能力且对创业深感兴趣的人才加入创业队伍中，那么将大大有助于我国经济结构的调整和社会经济的发展。

总之,无论是经济发展的转型要求,还是人民群众对美好生活的期盼,都在呼唤着"双创"的推进,我国目前的财政实力和政策环境也同样能够保障社会主体积极加入"双创"队伍。因此,我们应牢牢把握这一千载难逢的历史机遇,以赢得转型发展的战略主动权。

(三)创新驱动发展成为时代主题

随着科学技术的飞速发展,社会经济水平的提升越来越依赖于科学技术的应用。依靠科技进步、技术创新来推动经济的发展,已成为当今时代的必然趋势。在这样的现实环境中,创新能力将在一定程度上决定一个国家的综合国力能否得到提升。因此,在这样一个新科技革命时代,我国必须牢牢把握创新力和创造力,依靠科技进步带动经济社会的可持续发展。

二、"双创"提出的重大意义

2015年6月,国务院颁布了《国务院关于大力推进大众创业万众创新若干政策措施的意见》(以下简称《意见》),其中明确指出"推进大众创业、万众创新,对于推动经济结构调整、打造发展新引擎、增强发展新动力、走创新驱动发展道路具有重要意义"[1]。"双创"理念的提出是基于对国内外发展经验的认识与总结,符合当今世界的发展趋势,具有十分深刻的现实意义,具体表现如下。

(一)是经济社会发展的必然选择

随着我国资源环境约束日益强化,以高投入、高消耗为主要特征的传统粗放式发展方式已难以为继。经济新常态的形成更是要求我国经济的发展从投资驱动、要素驱动转向创新驱动。而"双创"的作用即在于通过结构性改革和体制机制创新,来消除不利于创新发展的各类制度束缚。具体来讲,大众创业、万众创新通过支持各类市场主体开办新企业、开发新产品、开拓新市场,来促成小企业"铺天盖地"、大企业"顶天立地"的发展格局的形成,有利于打造新引擎、激发新动力,为经济社会的发展注入新的活力。

(二)有利于维护社会稳定

推进大众创业、万众创新,不仅是社会发展的动力之源,也是富民之道、强国之策。面对日益严峻的就业形势,国家只有加大对"双创"新引擎的培育力度,在制定更加积极的就业政策的同时,将创业与就业结合起来,并用创业带动就业，才能够促进经济结构调整和民生改善，维持社会的和谐与稳定。

(三)是弘扬创新精神的有效途径

"大众创业、万众创新"的理念虽已提出数年，但该理念的普及范围目前还不够宽广，创新创业教育课程体系尚不健全，勇于创新、敢于创造的人才数量也较为有限，不少人因担心失败而不敢轻易迈出走向创业之路的重要一步。从这个角度来看，推进"双创"的意义并不局限于解决就业问题，更是为了弘扬"敢为人先、百折不挠"的创业精神，强化人们的创新意识，激发人们的创业勇气，营造敢于挑战自我的社会文化氛围，使追求创新成为全社会共同的行为目标，这可以说是"双创"理念的更深层价值。

(四)有利于提高供给与需求的契合度

近年来，我国人民的消费模式正在逐渐发生变化，跟风式消费大量减少，取而代之的是个性化、多元化、高端化的消费方式。新的消费需求使传统供给结构中的薄弱环节和空白领域日渐突出，也对产品供给、服务供给提出了创新发展的新要求。例如，以制造、服务为主要业务的企业应加大对设计、质量、个性、定制等问题的重视程度，尽可能使产品朝着精、专、特的方向发展。推动大众创业、万众创新的进程，有利于企业适应新的消费模式，增加供给与需求的契合度，从而推动经济增长。

(五)是实施创新驱动发展战略的关键

创新驱动发展战略的实施，必须以坚持科技创新的核心地位为前提，同时注重发挥人民群众的力量与智慧。随着科学技术的进步和"互联网+"时代的到来，对经济发展新优势的挖掘需要将群众智慧和科技创造力进行深度融合，即一方面要不断突破核心科技，发展高、精、尖的技术，另一方面要通过凝聚大众智慧，将"万众创新"的理念转化为科技成果，而后进一步转化为现实生产力。要想实现这一目标，就要重视提高教育事业的发展水平，加快推动科技体制的改革与创新，以强化我国的人才优势和科技优势。与此同时，从社会层面大力弘扬大众创业、万众创新的精神，鼓励各类新兴企业的发展与壮大，为社会经济的发展注入源源不断的活力。

(六)有利于实现《中国制造2025》的目标

《中国制造2025》是指国务院在2015年5月印发的有关全面推进实施

制造强国的战略文件,也是我国实施制造强国战略的"第一个十年"的行动纲领。《中国制造2025》提出了由中国制造向中国创造转变、由中国速度向中国质量转变、由中国产品向中国品牌转变等一系列发展目标,而其根本目标则在于改变我国制造业"大而不强"的局面。

《中国制造2025》致力于通过对全社会力量进行动员,来推进我国的制造强国建设进程。具体来讲,社会各界应各自分工,共同完成以下几项任务:第一,构建以企业为主体、以市场为导向,将政产学研用结合起来的制造业创新体系;第二,加强核心技术攻关,加速科技成果产业化,提升重点领域与关键环节的创新能力;第三,重视理念创新,既要学会利用国际先进技术成果,又要重视对自主创新的技术成果进行推广,营造鼓励创新、重视创新的社会氛围。在上述任务当中,"营造鼓励创新、重视创新的社会氛围"同样是"双创"所倡导的理念和着力实现的目标之一,因此可以认为,"双创"是实现《中国制造2025》所制定目标的加速器。

第二节 "双创"政策解读与环境分析

一、"双创"政策的解读

大众创业、万众创新的理念自提出之日起,便引得社会各界纷纷响应,各种新产业、新业态、新模式不断涌现,大大激发了社会活力。国务院于2015年6月颁布的《意见》是推动"双创"进程的核心政策文件,下面将以该文件为依据,对"双创"政策的内容及相应的政策环境进行解读与分析。

(一)"双创"政策的内容

从宏观上看,《意见》从全局出发,不仅突出改革、强化创新,而且遵循创新创业发展规律,力求通过资金链引导创新创业链、创新创业链支持产业链、产业链带动就业链的方式,促成"双创"局面的早日形成。总地来讲,《意见》的内容可概括为一条"主线"、两个"统筹"、四个"立足",其具体内涵如表1-1所示[2]。

表1-1 "双创"政策的内容及内涵

《意见》内容	内涵
一条"主线"	以加快政策的执行与传导为主线,确保政策的可操作性与系统性
两个"统筹"	统筹做好已出台政策与新出台措施的协同衔接
	统筹推进高端人才创业与"草根"创业
四个"立足"	立足改革创新,体现"放""扶"结合
	立足协同联动,形成政策合力
	立足创业需求导向,实现创新、创业、就业协调发展
	立足加强执行督导,保证政策落地生根

(二)"双创"政策的总体思路

"双创"政策的总体思路即按照"四个全面"战略布局要求,在充分发挥政府作用的同时,还要发挥市场配置资源的决定性作用。通过抓好"三放四坚持",来为大众创业、万众创新的发展营造良好的政策、制度环境,并构建健全的公共服务体系。"三放四坚持"是"双创"政策的总体思路,其所涵盖的内容如图1-1所示。

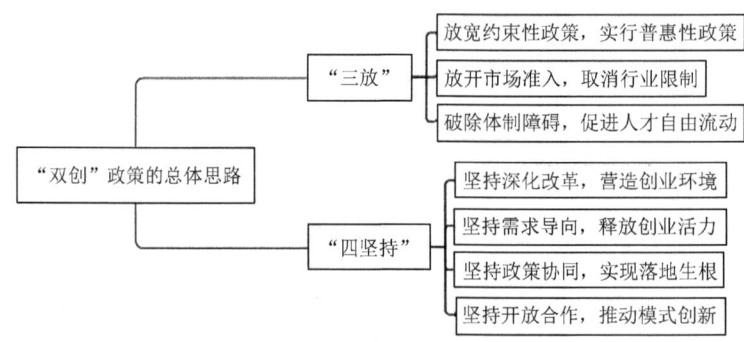

图1-1 "双创"政策的总体思路

(三)"双创"的具体政策措施

《意见》从体制机制、财税政策、金融市场、创业投资、创业服务、创新创业平台、创造活力、城乡创业渠道等角度,提出了推动大众创业、万众创新的具体措施,具体如表 1-2 所示。

表 1-2 推动"双创"发展的具体措施

措施	具体做法
创新体制机制	完善市场竞争环境,深化商事制度改革,加强知识产权保护,建立健全创业人才培养机制
优化财税政策	加大财政支持力度与资金统筹力度,完善普惠性税收措施,发挥政府的采购支持作用
搞活金融市场	优化资本市场,丰富创业融资渠道
扩大创业投资	建立并完善创业投资引导机制,拓宽创业资金供给渠道,发展国有资本创业投资,推动创业投资的"引进来"和"走出去"
发展创业服务	加快发展创业孵化服务和"互联网+"创业服务,探索创新创业公共服务新模式
建设"双创"平台	打造创新创业公共平台,运用创新创业技术平台;发展创新创业区域平台
激发创造活力	支持大学生、科研人员、境外人才创业
拓展创业渠道	支持电子商务向基层延伸,支持返乡创业集聚发展,完善基层创业支撑服务

(四)"双创"政策的保障措施

《意见》从三个方面提出了保障"双创"政策顺利落实的措施,即加强组织领导、加强政策协同联动、加强对政策的监督执行。具体来讲,可通过建立部际联席会议制度、政策协调联动制度、政策执行情况督导制度等,来推动部门之间、部门与地方之间的协同联动,以共同构成保障政策顺利落地的合力。

二、"双创"政策的环境分析

(一)完善"双创"政策环境的意义

完善"双创"政策环境对于"双创"工作的开展具有显著的推动作用。从某种意义上来讲,"创新"和"创业"均为具有一定风险性的创造性活动,如果政策环境缺乏稳定性,或者会对创新创业活动的开展产生约束效应,那么一些原本有机会不断壮大的企业就很有可能发展受阻,从而导致国家的整体竞争力被削弱。由此可见,对"双创"政策环境加以完善,具有十分重要的现实意义,具体表现如下。

1.有利于实现要素资源的有效配置

完善的"双创"政策环境是增强发展动力、转变发展模式、引导要素资源有效配置的"助推器"。在经济新常态阶段,我国经济的发展模式逐渐由过去的低成本、扩张式、粗放型转变为创新引领、资源集约利用,这就会造成要素资源的配置机制与传统的资源配置机制存在较大差别,具体表现为信息化和智能化。这些变化都需要通过相关政策加以调整与完善,以免使市场环境中的不稳定因素发挥作用,削弱新的资源配置方式的适应性。

2.有利于开辟更多的市场机会

完善的"双创"政策环境要求降低市场门槛,消除或减少一系列不利于市场自由进出的阻碍(如市场垄断、地方保护、行政壁垒等),使那些有心创业却被诸多准入门槛"拒之门外"的创业者能够根据自己的实际情况选择合适的领域开展创业活动,为创新创业的发展开辟更多的市场机会。

3.有利于降低创业的风险与成本

完善的"双创"政策环境对市场环境的净化提出了更高的要求,具体表现在以下几个方面:第一,明确政策规定,简化市场审批程序,杜绝相关部门对职责的相互推诿现象,推动政府由管理者向服务者的转变;第二,强化对执法部门的监督,避免过度执法或过度干预,增强企业依法从事经营活动的自主性;第三,提高相关部门的办事效率,节约创新创业的物质成本和时间成本,以增强创业者的信心。

4.有利于加强对创新创业行为的激励

完善的"双创"政策环境要求重塑市场价格体系,以实现对创新创业行为的激励。具体来讲,应强调知识产权等创新成果的市场价值,并通过法律手段加大对知识产权的保护力度,以免市场价值的流失;同时,创业者也应合理利用"双创"政策环境,通过资本运营加强产权的可交易性,提升所办企业的市场价值。

5.有利于培养创新创业人才

完善的"双创"政策环境能够为创新创业活动提供更多的要素资源,不仅有助于推进创新创业教育体制改革,减轻户籍政策对人才流动的束缚,还有利于推动包括教育、医疗在内的公共服务体制改革,对培育和释放创新创业人才、强化创新创业精神的影响力等具有积极作用。

(二)"双创"政策环境的现存问题

创新创业政策对中小企业的发展具有重要的激励与促进作用,但要想真正激发创业者的创新热情,就要首先清除阻碍创业活动开展的体制性障碍,最大限度地减少创新创业的风险。与此同时,政府应出台多样化的鼓励性政策,以降低创业者的经营成本,增加其参与创新创业的预期收益。只有这样,创新创业才有可能成为一种具有普遍性的经济活动,也才能发挥其对社会经济的推动作用。

就目前而言,创业者在创新创业活动遇到的问题主要集中在以下几个方面,具体如表1-3所示。

表1-3 创新创业活动中的常见问题

存在问题	具体表现
突出的融资瓶颈	在创业前期,往往资金投入大、收益回报慢,创业者需要长期的资金支持,但目前的金融环境并不能为每一位创业者提供充足的融资保障
风险分担机制不健全	创新创业是一项高风险活动,大多数创业者均不具备独自承担风险的能力,而目前用于分担风险的机制和体制都不够健全
缺乏对产业方向的引导	如今的创业者面临的是复杂多变的经济环境,部分创业者在选择产业方向时往往会陷入迷茫,此时就需要政府给予必要的引导
市场环境不够成熟	复杂的审批流程和检查事项、对知识产权的保护力度不够、不正当竞争行为的存在……种种问题都会对人们创新创业的热情产生抑制作用
人才自由流动受限	人才管理方式教条化、公共服务体系不健全、社会保障体制不完善等问题,导致创业人才很难根据实际需求,在不同地区之间进行流动,这限制了人才主观能动性的发挥

(三)完善"双创"政策环境的主要途径

完善的"双创"政策环境对"双创"工作的顺利开展具有积极作用。但如前文所述,当前我国的"双创"政策环境远未达到完善的程度,其中仍然存在一些根深蒂固的问题,对创新创业活动造成了明显的抑制。因此,完善"双创"政策环境已刻不容缓,具体可从以下几个方面着手进行。

1.营造公平正义的法治环境和良性竞争的市场环境

公平正义的法治环境和良性竞争的市场环境对创新创业活动的开展至关重要。首先,应加大对知识产权、商业秘密的保护力度,使侵犯知识产权者、泄露商业秘密者付出应有的代价;其次,应加强社会诚信体系建设,如建立失信惩戒机制等,让失信者"寸步难行";最后,对行业垄断、技术垄断、行政垄断等限制竞争、打压创新的行为,应予以强烈反对,坚决保护创新创业的"火种",促进正向激励机制在全社会范围内的形成与发展。

2.完善创新创业政策和资金支持方式

从我国当前的市场主体来看,中小企业属于创新创业的"主力军",但整体实力普遍偏弱,应成为政策支持的主要对象。具体来讲,政府可从以下几个方面优化针对中小企业的优惠政策和资金支持方式。

第一,适当降低市场准入门槛,简化对创新产品的审批流程,促进企业注册与经营的便利化,以拓展创新创业空间。

第二,加大面向中小企业的税收减免力度,设立针对新兴产业的创业投资引导资金,启动国家科技成果转化引导基金、中小企业专项资金等。

第三,完善社会投资、融资机制,大力发展风险投资,为解决创新创业过程中的融资难问题拓宽渠道。

3.构建开放式人才体系

人才是推动创新创业进程的内生动力。要想真正激发大众创业、万众创新的活动,就要尽可能破除一切禁锢人才发展的藩篱,为"千里马"提供更加广阔的发展空间,包括自主发展的权利和自由创造的空间。

一方面,国家应对科研项目经费管理体制进行改革,在项目经费方面给予人才更大的支配权,将更多的资源投入到"人"身上而不是"物"上面;另一方面,国家应推行更为积极、全面的人才开放政策,可适当降低外国人才引进门槛,通过简化出入境手续等,吸引世界各地的人才来华创业。

4.健全公共服务和社会保障平台

当前,创新创业的公共平台已不仅限于科技园区、高新技术开发区等"传统孵化器",还包括网络空间、众创空间等"新型孵化器"。政府应在保证"传统孵化器"正常运作的前提下,加大对"新型孵化器"的支持力度,鼓励创业者打造"创客实验基地""创业者加速器"等不同形式的发展平台,从而构建市场主导、风投参与、企业孵化的创业生态系统。此外,政府还可以鼓励一些公益性或非公益性的中介机构,为缺乏经验的创业者提供市场分析、计划制订、法律咨询等服务,以最大限度地降低创新创业的风险。

第二章 大学生创新创业教育理论与实践探索

在"双创"时代背景下,对大学生进行创新创业教育显得尤为重要。本章以大学生创新创业教育理论与实践探索为重点,先介绍了大学生创新创业教育相关的理论知识,然后通过列举国内外大学生创新创业教育的案例来探讨继续深化我国大学生创新创业教育的途径。

第一节 大学生创新创业教育理论认识基础

大学生是最具创新、创业精神与能力的群体之一。对大学生进行创新创业教育,不仅能够有效地激发大学生的创新、创业动力,促进大学生的全面发展,而且对整个社会的发展具有重要的意义。本节基于创新、创业的含义及其相互关系,在概述人类创新、创业简史的同时,对大学生创新创业教育的理念与实施进行了阐述。

一、创新、创业的含义及其相互关系

(一)创新的含义

"创新"一词由来已久,但对其概念的界定国内外学界并未达成共识,我们这里主要从创新的本质出发,力图对创新的含义做出全面的阐释。

从词源的角度来讲,创新属于外来词的范畴,最早由奥地利经济学家约瑟夫·阿洛斯·熊彼特提出。在著作《经济发展理论》中,熊彼特首先使用了创新一词,并将创新界定为"企业家实行对生产要素的新组合"[3],具体来说,主要包括五个方面的内容,如图2-1所示。

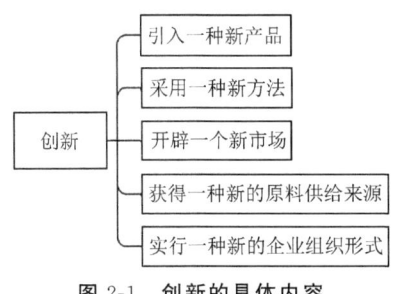

图 2-1 创新的具体内容

从某种意义上来讲,创新活动属于经济行为的范畴,是一种重要的经济活动,因此,要想真正理解创新的内涵,应该从经济学范畴进行探源。基于对经济学相关理论的研究,以及对其他学者相关研究的分析,笔者认为创新的含义主要包括两个方面的内容,即引入和革新。简单来说,经济学领域的创新主要包括三个方面的内容:①新的生产要素的重新组合;②将重新组合的新知识引入经济系统;③各种生产要素的不断革新及其在经济系统中的应用。

创新一词虽源于并最早应用于经济学领域,但随着经济、社会的不断发展,其所涵盖的范围已经远远超出经济学领域。具体来说,创新的含义主要包括以下几个方面的内容。

第一,创新是将新设想、新概念等应用到具体实践的过程。换句话说,创新就是实践新理念的过程,这一过程既是检验新理念是否符合相应社会实践活动的过程,也是新理念发挥功能指导实践的过程。

第二,创新是基于相关知识、信息等,创造、引进新事物的过程。这一过程主要包括四个阶段:第一个阶段是发现潜在的需要;第二个阶段是基于相关知识、信息研发新事物;第三个阶段是检验新事物的可行性;第四个阶段是将新事物应用到社会实践中。

第三,除"创造""引进"外,创新还可以通过改进、完善原有事物的方式,来获取延伸收益。具体来说,创新一方面可以将"创造成果"与"引进成果"投入市场来获取收益;另一方面可以通过改进和完善原有事物,在推动原有事物发展的同时,形成新的成果,从而获取收益。

(二)创业的含义

从本质上来讲,创业既是一种社会现象,也是一项具体的社会活动,其所涉及的范围是相当广泛的。因此,虽然国内外学者对创业这一社会活动给予了充分的关注,并开展了一系列科学研究,也取得了丰富的成果,但他们在创业的概念界定方面依旧未能达成一致的意见。表 2-1 为西方学者基于不同视角对创业的理解与阐释[4]。

表 2-1　西方学者基于不同视角对创业的理解与阐释

视角	学者	观点
识别机会能力视角	Knight	创业是兼顾风险与收益的社会活动
	Kirzner	创业是一种有效预测下一个不完全市场在何处发生的套利行为和能力
	Leibenstein	创业是创业者所具备的比竞争对手更强的能力
	Stevenson, Reberts and Grousbeck	创业是创业者基于所控制的资源而进行的活动,而是创业者所拥有的洞察机会的能力
	Corner	创业是一项创业者基于所具备的辨识合适投入的能力,而获取利润的活动
创业者个性视角	William Bygrave	创业是创业者个性的集中呈现,包括首创精神、想象力、自主性等
获取机会视角	Stevenson, Reberts and Grousbeck	创业就是通过多种手段获取控制资源、赢得利润的机会
	Shanc and Venkataraman	创业是发现并利用有利可图的机会的能力
创建新组织与开展新业务视角	Schumpeter	创业是企业实现其组织创建的重要活动
	Cole	创业是发起、维持、开展以利润为导向的业务活动
	Vesper	创业即开展独立的新业务
	Gartner	创业即新组织的创建
	Low amd MacMillan	创业就是创办新企业

从表 2-1 中我们能够发现,西方学者对创业的理解与阐述主要包括四个方面的内容:第一,创业是一种创业者洞察识别机会、获取利润的活动;第

二,创业是一种集中展现创业者心理特质的活动;第三,创业是一个寻求机会、创造财富的过程;第四,创业是一种创建新组织或开展新业务的活动。

我国学者对创业的理解与阐述主要集中在两个方面:其一,创业是一个寻求、发现、捕捉、利用各种机会,开发新产品、提供新服务的过程;其二,创业是基于市场驱动,在有效而充分分析各种因素的基础上,抓住一切可用机会,创建新组织、开发新产品、获取利润的过程。

基于上述分析,我们可以认为创业主要包含两个层面的含义:从广义的层面来讲,创业主要体现为创立个人、集体、国家的各项事业及所取得的相应利益;从狭义的层面来讲,创业是一种通过创建新企业来实现社会价值的活动。

(三)创新与创业的关系

1.创新与创业的联系

创新与创业的联系主要体现在以下几个方面:第一,创新与创业在内涵方面是相互包容的,在具体的实践过程中是互动发展的;第二,创新是创业的条件与重要保障,创业又在很大程度上推动着创新的发展;第三,从本质上来讲,创业是一种创新性的实践活动。

2.创新与创业的区别

虽然说创新与创业都包含开创新事物的意思,但从内涵上来讲,两者之间还是存在显著区别的。我们这里主要借鉴国际上创新创业研究专家对创新与创业区别的认识,具体内容如表2-2所示。

表2-2 国际上创新创业研究专家对创新与创业区别的认识

专家	观点
Won Gasse	①创新能够给市场带来全新的事物; ②创业是对市场需求的响应(无所谓新旧事物)
Andrew Zacharakis	①创新是开创新事物的活动,这些新事物可能存在商业潜力,也可能不存在商业潜力; ②创业是利用创新获得商业潜力的活动

<续表>

专家	观点
Lowell W.Busenitz	①创新是大型组织内部的研发行为； ②创业是基于创新主义的新企业创建活动
Cheri Stachl	①创新以新技术、新产品等的开发为主要目的； ②创业以利润的获取和企业价值的实现为主要目的
Anders Lundstrom	①创新主要是相对于产品、技术、服务等而言的； ②创业主要是相对于个体或企业而言的
David Cock	创新只是创业活动的构成部分之一
Monica Diochon	①创新体现的是"结果"（即最终的新产品、服务等）； ②创业体现的是"过程"（即通过创业实现创新的过程）

二、人类创新、创业简史

创新、创业是人类社会实践活动的重要组成部分，所以从某种程度上来讲，人类社会的发展历史也是一部人类不断创新、创业的历史。具体来说，人类创新、创业的历史主要包括三个方面的内容，即农业文明时期的人类创新、创业史，工业文明时期的人类创新、创业史，信息社会知识经济、创意经济的发展与创业革命，具体分析如下。

（一）农业文明时期的人类创新、创业史

我国是农业文明古国，以农业文明为代表的创新、创业实践活动，自秦汉时起，至宋元各代，可以说一直处于世界的前列，不仅形成了区别于西方世界的政治、经济、文化、技术等体系，而且将这些内容不断改进并传承了下来，使我国成为世界上唯一一个文明未曾中断过的国家。

农业文明时期，我国创新创业的典型代表即"四大发明"的出现及应用。"四大发明"的成熟与推广，形成了我国科学、经济领域史无前例的壮观景象。英国的李约瑟多次指出，中国古代的发明与创造是远远超过同一时期的欧洲国家的。正如李约瑟所言，在3~13世纪，我国在科学技术发明的优势是西方国家所望尘莫及的。

我国的"四大发明"传入欧洲之后，对欧洲近代社会的发展产生了巨大的影响：指南针为欧洲航海事业的发展创造了条件，也为欧洲国家的"财富积累"提供了便利;火药成为欧洲民众反抗封建统治的有力武器;造纸术和印刷术促进了欧洲国家文化的交流与发展,为欧洲国家的反封建进程提供了永久性的动力。马克思曾指出,火药、指南针和印刷术是预告资产阶级社会到来的三大发明。

(二)工业文明时期的人类创新、创业史

如果说农业文明时期的人类创新、创业史中的"主角"是中国,那么工业文明时期的"主角"则是西方国家。

当我国还处于封建社会时期,西方国家生产力的发展已经先后经历了三次高潮:第一次高潮是以蒸汽机为代表的机械技术革命,这一阶段先进生产力发展的中心在英国;第二次高潮是以煤化学和合成燃料为代表的化工技术革命,这一阶段先进生产力发展的中心在德国;第三次高潮是以电气为代表的电力技术革命,这一阶段先进生产力发展的中心在美国。

最早发明蒸汽机的人其实并非瓦特,当时,蒸汽机主要用于矿井提水,蒸汽机的效能是比较低的,瓦特经过九年的技术改造,最终实现了蒸汽机的工业化生产。经瓦特技术改造过的蒸汽机可与大多数的工具机连接,这极大地加速了人类创新、创业的步伐,如火车、轮船等大机器在蒸汽机的带动下飞速运转,形成了人类历史上的第一次产业革命,整个世界的面貌焕然一新。

德国的工业化进程要比英国慢近半个世纪,为了迎头赶上,德国派遣大批学者留学英国,学习英国的先进技术、理念等,学成归国后参与德国的科学研究与教育工作。当时比较著名的科学家有雅各比、高斯、李比希、欧姆等,可以说是这些科学家的努力推动了德国科学技术的繁荣发展。这一时期德国的煤化学技术和合成燃料工业发展迅速,形成了化工技术革命,加速实现了德国的工业化步伐,使德国仅用40年的时间便完成了英国花费100年才完成的事业,同时标志着工业文明时期人类创新、创业第二次高潮的到来。

以电气为代表的电力技术革命是由美国推动形成的。19世纪中叶,美国不再照搬欧洲的技术,而是走上了创新、创业之路。这一时期,美国比较有代表性的发明创造有发电机(西蒙)、电话(贝尔)、电灯(爱迪生),这三大发明标志着人类进入了电气化时代,同时也标志着工业文明时期人类创新、创业第三次高潮的到来。

(三)信息社会知识经济、创意经济的发展与创业革命

20世纪中叶,随着信息技术(如原子能、电子计算机、航天技术等)的快

速发展,人类社会发生了巨大变化,进入了第三次工业革命时代。这一时期的显著特点主要表现在以下几个方面:①科学转化为生产力的速度加快;②科学与技术的结合程度日益加深;③科学技术不同领域之间的融合力大幅提高;④知识经济、创意经济形成并快速发展。

从本质上来讲,知识经济是以科学技术为核心,基于信息、知识的生产与消费而形成的经济,它是一种以现代科技产业为主要支柱,以智力资源为主要依据的新型经济。就企业而言,在知识经济时代,知识、信息在很大程度上是企业战略资产的代表,也是衡量企业财富的重要标准,企业要想在激烈的国内外竞争中保持优势,就必须有效整合、创新利用各种信息、知识资源。

创意经济是基于创意产业而形成的一种经济,其中,创意产业就是通过开发知识产权来创造财富、提供就业机会的产业。常见的创意产业包括研发设计创意产业、建筑设计创意产业、文化传媒创意产业、咨询策划创意产业、时尚消费创意产业等。创意经济是一种新型经济,其特点如图 2-2 所示,发展创意经济对不同国家创新、创业的发展都有重要的推动作用。

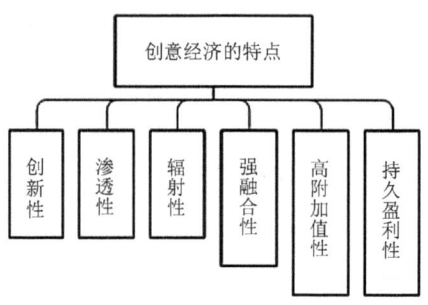

图 2-2　创意经济的特点

随着经济全球化进程的加快,知识经济、创意经济在国家、社会发展中的重要作用日益凸显,而创新、创业在知识经济与创意经济中的重要意义,使得它们在推动经济发展的过程中扮演着"引擎"的角色。知识经济与创意经济所营造的良好社会条件和环境,不仅为人们的创新、创业创造了良好的社会氛围,而且为创业革命的形成与发展奠定了基础。

三、大学生创新创业教育的实施途径

(一)转变教育思想,构建创新创业教育理念

作为一种全新的教育理念,创新创业教育不仅能够在很大程度上体现

和丰富素质教育的内涵,而且有助于培养学生的创新意识、提高学生的实践操作能力。随着经济社会的快速发展、产业结构的不断调整、现代服务业的改革与转型,我国社会对人才的要求越来越高,创新创业的精神与能力越来越成为大学生的必备素质。大学生的成功创业一方面能够有效解决一部分学生的就业问题,另一方面也能够为社会民生等问题的解决提供一定的支持。因此,我们要重视大学生的创新创业教育,转变教育思想,构建创新创业理念,从而为大学生的全面发展提供有力的保障。

具体来说,转变教育思想,构建创新创业理念主要包括以下几个方面的内容:①树立培养大学生创新意识、塑造大学生创业精神、提高大学生创业能力的教育理念;②将创新创业教育理念融入教育体制、机制中;③转变教育思想,建立健全创新创业人才培养模式;④在具体的教学实践活动中,加强对大学生的创新创业教育;⑤统筹校内外资源,促进学生创新创业知识、素质、能力等的全面发展。

(二)转变人才培养模式,强化创新创业教育实践

1.转变人才培养模式

转变人才培养模式主要是指将就业教育的培养模式转变为创新创业的培养模式。具体来说,主要包括以下几个方面的内容:就培养方案而言,高校应以创新创业教育理念为导向,设计出科学、合理的人才培养目标和方案;就学分构成而言,高校应设置专门的创新创业学分,以激发学生的学习动力;就考核方式而言,高校应兼顾创新创业的理论知识考核与实践考核;就教学管理和教学监控而言,高校应建立以创新创业为核心的管理和评估模式,从而为创新创业人才的培养助力。

2.强化创新创业教育实践

从本质上来讲,创新创业活动是一种实践性活动,学生只有通过具体的实践锻炼,才能对自己所学的有关创新创业知识的最终成果进行切实的检验,才能真正地提高创新创业的能力和素质。具体来说,强化创新创业教育实践主要包括两个方面的内容:一方面,高校要整合校内外资源,建立创新创业见习基地;另一方面,高校要组织大学生进行创新创业培训、见习等,切实提高大学生的创新创业实践能力。

(三)丰富教学内容,完善创新创业课程体系

丰富的教学内容是开展创新创业教育的前提和重要保障,因此,高校在

开展大学生创新创业教育工作时,要丰富教学内容,完善创新创业课程体系,具体来说,主要包括以下几个方面的内容。

1.教学内容的安排

在教学内容的安排上,高校可以从两个方面着手:一方面,基于学科专业特点,并在充分考虑区域经济的基础上,编写校本教材,将身边创业成功的案例纳入教材,从而丰富创新创业的教学内容;另一方面,将培养学生的创新创业意识、能力作为学科教学的重要内容,并聘请成功的企业家担任兼职教师,指导学生的创新创业实践,从而充实创新创业教育的内容。

2.课程的设置

就课程的设置而言,高校应着重建立科学合理的课程体系,这一课程体系主要包括两个方面的内容:其一,专业课程与创新创业理论课程相结合,充分发挥两者在教学活动中的相辅相成作用;其二,将职业规划、实践教育纳入创新创业理论课程教育中,切实提高大学生的创新创业能力,促进大学生的全面发展。

3.教学方法的选择

在教学方法的选择方面,高校应坚持"以学生为中心"的教学理念,选择能够激发学生主体性、积极性、创造性的教学方法,如启发式与探究式相结合的教学方法等,从而使学生在接受教育的过程中,能够切实提高自身的创新创业能力,并学以致用。

(四)加强教师培训,充实创新创业师资队伍

创新创业教育的顺利开展,离不开教师的一线教育,可以说教师在创新创业教育中扮演着关键性角色。当下,虽然我国许多高校都聘请了专业的教师来开展创新创业教育工作,但是这些专业的教师多为学术专家出身,创业经历、实践经验严重不足,这不仅在很大程度上阻碍了学生创新创业能力的提高,而且制约了创新创业教育的可持续发展。因此,高校必须采取相应的措施,来妥善解决这一问题,从而促进学生的全面发展、创新创业教育工作的顺利开展。

具体来说,高校可以从以下两个方面着手:一方面,加强对创新创业教师的培训,丰富他们的理论知识与实践经验;另一方面,加强与校外企业的合作,聘请理论知识扎实、有成功创业经验的企业家担任兼职教师,以充实创新创业教育的师资队伍。

（五）完善服务体系，优化创新创业政策环境

1.建立多元化的融资渠道

融资困难是大学生创业过程中的主要困难，因此国家应建立多元化的融资渠道，并由地方政府、高校给予匹配，从而为大学生创业活动的开展提供资金保障。例如，政府可牵头设立面向大学生创业者的风险投资基金，引导社会资金和金融机构进入，从而推动大学生创业活动的开展。

2.构建大学生创业的政策支持体系

构建大学生创业政策支持体系的目的在于保障并推动大学生创业活动的顺利开展。具体来说，国家、地方政府应在统筹考虑的基础上，构建政策支持体系，在税收优惠、资金补贴、小额担保贷款等方面，给予创业大学生相应的政策支持，为大学生的创业活动提供保障。

第二节 国内大学生创新创业教育的基本模式和发展路径

自1989年我国开始提出创新创业教育理念以来，人们对创新创业教育的认识不断加强，对创新创业教育的投入力度也不断加大，为我国培养创新创业型人才奠定了坚实的基础。本节主要介绍国内大学生创新创业教育的相关进程，具体包括国内大学生创新创业教育的发展历程和主要路径，以及国内大学生创新创业教育的基本模式和教学方法。

一、国内大学生创新创业教育的发展历程

（一）国内大学生创新创业教育的探索期

我国大学生创新创业教育的探索期为1990～2002年，在这一时期，我国大学生创新创业教育刚开始萌芽，缺乏系统全面的科学理论指导，教育理念也相对落后，教育成果更是寥寥无几。但这一时期也并非毫无作用，相关工作者在这一时期为我国创新创业教育的发展奠定了基础、创造了条件。

表 2-3 从三个方面具体阐述了这一时期我国大学生创新创业教育的发展概况。

表 2-3 国内大学生创新创业教育在探索期的发展概况

层面	特点	具体体现
政策方面	①党和国家领导人高度重视；②部分政府部门也开始逐步推行创新教育	①1999年，教育部颁布《关于深化教育改革全面推进素质教育的决定》，提出要重视大学生的创业精神；②1998年，教育部颁布《面向21世纪教育振兴行动计划》，其中完整提出了创新教育的概念
理论方面	理论研究较为分散，标志性成果较少	这期间有关创新创业教育的相关论文只有105篇
实践方面	创新创业教育在小范围内开始实践探索	①1990年，我国成立协调小组，选取6个省市的创新创业教育试点单位，开展实践研究；②2000年，教育部确定10个国家创业园示范建设试点，在全国范围内推广创业教育

（二）国内大学生创新创业教育的实践期

经过探索期的努力，我国创新创业教育开始进入实践期，具体发展概况如表 2-4 所示。

表 2-4 国内大学生创新创业教育在实践期的发展概况

层面	特点	具体体现
政策方面	各种创新创业教育的指导文件和政策陆续出台，创新创业教育呈现高位推动、群体发展势态	①2003年，国家工商总局（现国家市场监督管理总局）根据《国务院办公厅关于做好2003年普通高校毕业生就业工作的通知》发布了2003年毕业的大学生从事个体经营、自主创业的优惠政策；②2008年，《中华人民共和国就业促进法》为创新创业教育提供法律保障

<续表>

层面	特点	具体体现
理论方面	创新创业教育研究取得了一定的成果,研究者和论文数量上升,但标志性成果仍欠缺	①相关研究平台逐步建立; ②截至2009年,有关创新创业的论文有160篇,比2008年上涨90%; ③2001~2009年,有关创新创业教育的著作与教材有105部
实践方面	不同形式的创新创业教育开始在各高校开展,呈现出种类丰富、形式多样、实践性强的特点	①2002年,教育部确定清华大学等9所高校为"创新教育试点高校"; ②2005年,全国工商联、教育部、共青团中央发起优秀民营企业家"创业讲堂"活动,组织"创业导师"走进高校; ③2007年,国内50多所高校开设"KAB创业基础"课程

(三)国内大学生创新创业教育的深化期

经过探索期和实践期的发展,我国创新创业教育取得了较大的发展,并开始进入深化期。在深化期,我国创新创业教育取得了非常多的成果,具体如表2-5所示。

表2-5 国内大学生创新创业教育在深化期取得的成果

层面	特点	具体体现
政策方面	创新创业教育制度化、科学化、系统化,并向更高层次发展	①2010年,教育部下发《关于大力推进高等学校创新创业教育和大学生自主创业工作的意见》,标志着我国创新创业教育进入全面推进阶段; ②2012年,教育部印发《普通本科学校创业教育教学的基本要求(试行)》通知,对教学的目标、原则等相关要素进行了明确的规定

<续表>

层面	特点	具体体现
理论方面	标志性理论成果日益增多；研究论文、专著出版愈加密集	①截至2012年，相关研究论文高达446篇； ②2009年，中国高等教育学会编著《中国大学生创新创业教育发展报告》，全面总结了我国创新创业教育的发展进度、研究成果等内容
实践方面	各大高校逐步完善自身的创新创业教育体系	①以赛事为契机，带动创新创业教育发展； ②逐渐形成多元化的创业教育课程体系； ③大部分高校都建立了校内外创新创业实践基地

二、国内大学生创新创业教育发展的主要路径

创新创业教育的发展路径主要是指根据形势发展针对增强大学生的创新创业素质和能力而确定的行动方式和手段，从而更好地完成创新创业教育人才培养目标。为了培养出更加符合社会发展需要的创业人才，我国大学生创新创业教育应沿着以下路径发展。

（一）转变教育理念

1.坚持全面发展教育理念

创新创业教育从本质上来说也是教育的一种，因此要坚持全面发展的教育理念，在制定人才培养目标、开展教育活动时，都要以此为指导。长期以来，我国高校的创新创业教育更偏向于培养研究型人才，在培养过程中偏重理论知识的传授，忽略了对大学生创新素质和创业实践能力的培养，这显然不符合社会发展的要求。因此，培养新型创业人才要坚持全面发展的教育理念，具体要做到以下三点：①坚持素质教育，注重学生综合素质的发展；②坚持以人为本，尊重学生的主体性地位，发挥其创造潜能；③坚持把培养大学生的创造素质作为人才培养的关键。

2.科学制定人才培养规格

科学制定人才培养规格是指根据当下我国社会对人才培养提出的新要求,借鉴职业教育的育人思路,通过调查研究、反复论证,科学制定人才培养的各项要素。当前,我国正处于社会主义市场经济的转型期,同时也是决战全面建成小康社会的关键时期,传统教育所培养出的人才已无法满足新时期的发展要求。要培养出具有创新创业精神和精益求精精神的新型人才,这要求在知识传授中更加强调对复合型、综合型、应用型知识的传授,主要包括经营管理知识、综合性知识及职业知识和专业知识,只有这样才能为我国经济的更好更快发展做出贡献。

(二)强化校内教学

1.重构创新创业课程体系

虽然近年来我国高等教育开始由规模扩张向内涵建设转型,但受传统教育体制的影响,现有的课程体系仍具有滞后性、同质化严重等缺点,这大大限制了创新创业教育的发展,重构创新创业课程体系迫在眉睫。重构创新创业课程体系要求做到以下三点:①重视通识教育对学生综合素质的作用,相应减少创业课程总量,增加创新创业通识课程;②注重文理结合,增加一定比例的综合性课程;③注重选修课程的开设,建立完善的选修学分制度。

2.改革创新创业实践教学

实践教育在创新创业教学中占有重要地位,只有将理论与实践相结合,才能促使学生将所学知识较好地应用到实际中,让理论教学得到深化和延伸。改革创新创业实践教学具体可从以下两个方面入手:①高校要加强与企业、行业、科研院所的合作,聘请相关的精英人才担任创业导师;②高校可根据企业需要,建立相应的创新创业实践平台,开展横向课题研究,培养创新人才。

3.探索创新创业教学模式

进入21世纪以来,我国社会发展进入高速发展时期,尤其是信息技术的发展,使各行各业都在发生着日新月异的变化,只有紧跟时代脚步进行创新和改革,才能不被时代淘汰。高校中的创新创业教育也是如此,传统的创新创业教育已经不能满足社会高速发展的需要,高校亟须探索新的创新创业教学模式,具体可从以下两方面入手:①从教学形式入手,利用现代信息技术,探索新的创新创业教学形式;②高校应充分利用第二课堂,通过举办各类创新创业大赛,开展全方位、立体式的创新创业教育。

(三)优化校外环境

1.普及创新创业政策

随着我国高校创新创业教育进入深化期,我国的创新创业教育政策也逐渐向制度化、科学化和系统化方向发展,各项有利于创新创业教育发展、有助于大学生创新创业的政策层出不穷。但政策的颁布只是促进大学生创新创业的一小步,向学生普及创新创业政策,让学生真正了解并理解创新创业政策,才能更好地鼓励大学生创新创业。

2.构建多元融资渠道

高校创新创业教育的发展需要一定的财力和物力支持,因此,为了更好地在高校推进创新创业教育,政府要加大对创新创业教育的资金支持,尤其是对那些培养应用型人才的院校。除此之外,为了推动高校创新创业教育的发展,政府还应对具有创新创业能力的学生提供资金支持,为其构建多元融资渠道,具体可从以下四个方面入手:①提供担保贴息贷款;②提供信用担保贷款;③建立创业孵化器;④对大学生创新创业提供一条龙服务。

3.完善政府服务体系

高等院校承担了培养人才的重任,地方政府应为高等院校创新创业教育的发展提供完善的服务,具体要加强以下六个方面的服务:①创新创业信息发布服务;②创业项目跟踪服务;③共享创业资源信息服务;④创业法律咨询服务;⑤创业活动服务;⑥创业活动激励服务。

三、国内大学生创新创业教育的基本模式

当前,各高校都在全力以赴地发展本校的创新创业教育,创新创业成果不断涌现。对国内大学生创新创业教育模式进行研究,有助于理清创新创业教育的基本思路,并为其后续发展奠定基础。下面将列举三种国内高校采用的典型的创新创业教育模式。

(一)综合型的创新创业教育模式

清华大学采用的就是综合型创新创业教育模式,其具体内容如表 2-6 所示。

表 2-6　综合型创新创业教育模式——以清华大学为例

代表学校	具体内容	优势	劣势
清华大学	①人才培养上:以素质教育为先导,改革教学模式和评价体系; ②平台建设上:构建"三创(创意、创新、创业)"平台,全面推进学生创新创业活动; ③课外活动上:鼓励学生参与学术研究、科技竞赛和创业活动	①覆盖面广; ②体系完善; ③成果丰富	①培养成本过高; ②模式兼容性差; ③应用性较弱

(二)特色型的创新创业教育模式

黄淮学院是特色型创新创业教育模式的典型代表,其具体内容如表2-7所示。

表 2-7　特色型创新创业教育模式——以黄淮学院为例

代表学校	具体内容	优势	劣势
黄淮学院	①发展特色学科——动漫专业,与企业建立合作,以校企联动方式,集合双方的综合优势,打造综合性研究开放平台; ②大力发展第二课堂教学、大学生科技竞赛、创新创业课程等	①地方性强; ②应用性好; ③合作程度高	①科研实力弱; ②发展空间相对较窄; ③依赖性强

(三)职业型的创新创业教育模式

深圳职业技术学院是职业型创新创业教育模式的典型代表,其具体内容如表 2-8 所示。

表 2-8　职业型创新创业教育模式——以深圳职业技术学院为例

代表学校	具体内容	优势	劣势
深圳职业技术学院	①营造以创业为导向的校园文化氛围； ②创办创新创业学院，搭建创新创业平台，系统培养创业人才； ③深化校企合作，推进产教融合	①创业导向明确； ②职业方向鲜明； ③与企业合作紧密	①教育较功利，重追求经济效益，轻经营管理教育； ②受职业限制较大

四、国内大学生创新创业教育的教学方法

学生创新创业能力的培养仅靠教师传授相关理论知识是远远不够的，因此，传统的灌输式课堂理论教育并不适用于创新创业教育，而应采用新型的、能够切实提高学生创新创业能力的教学方法。经过科学研究和实践探索，我们总结了以下几种能够有效提升大学生创新创业能力的教学方法，下面将进行具体的阐述。

（一）以讨论式、参与式、体验式创新课堂教学方式

以课堂教学为主，讨论式、参与式、体验式教学为辅的教学方式，能够有效地弥补传统灌输式课堂教学的不足。具体做法为以大班授课的课堂讲授为主，教师在讲授知识的过程中注重使用小组讨论、模拟游戏、案例分析等互动式教学方法，注重学生能力的培养，这样既可以调动学生学习的积极性，又能够使教师积累丰富的教学经验，为之后课堂教学的创新发展奠定基础。该教学方法已被国内多所高校使用，如北京大学以"课堂思辨＋网络互动＋大赛训练＋创业实践"为主要内容的 4G 创新创业教育方法，黑龙江大学所采用的"课程实践＋校内实习＋校外实训"的教学模式等。

（二）以多元化实践平台拓展实践教学渠道

以多元化实践平台拓展实践教学渠道，要求各高校应充分整合校内外资源，依托各类创业训练营、社团，以大学生创新创业科技园、创业园、实验室等平台为主阵地，组织开展丰富多样的创新创业实践活动，让实践教学和

实践活动成为课堂教学的有效补充。在将多元化实践平台作为拓展实践教学的渠道时,具体应注重对以下三个实践平台的建设:①创业模拟平台;②创业实训平台;③创业活动平台。

(三)以"小班教学"模式改进班级设置

传统的"大班教学"学生众多,教师在授课过程中注重全体学生的发展,因此通常强调培养学生的共性而非个性,这仅适用于基础知识的传授,而不适合具有实践要求和个性要求的创新创业教育。而"小班教学"由于学生人数少,教师在授课过程中就可以充分考虑到每一位学生的身心特点,发挥学生的主体地位,使学生的个性得到充分发展。采用"小班教学"的高校有:①清华大学,改造教学楼并采取自由教学的形式;②南京大学,打破年级、专业限制,所有课程都是开放式的。

(四)以"等级制"取代百分制,改进考核方式

创新创业教育具有复杂性、多维性,因此传统的百分制评价方式并不能很好地对其成果进行评价,而应采用多元评价体系,以此促进创新创业教育质量的提高。清华大学在这一方面就做出了良好的表率,其用等级制替代了百分制,用 A、B、C、D 四个等级对学生的创新创业教育成绩进行评价,弱化了学生对"高分"的追求,使学生能够真正地提升自身的各项素质和能力。

第三节　国外大学生创新创业教育范例与启示

部分发达国家的大学生创新创业教育要早于我国,因此其在此方面拥有先进的教育理念和典型的教育范例。了解国外优秀的大学生创新创业教育范例有助于给我国创新创业教育提供新的发展灵感,从中吸取经验,以便更好地促进我国创新创业教育的发展。下面主要介绍新加坡、美国和德国大学生创新创业教育的相关理念、目标和实践模式。

一、新加坡大学生创新创业教育

(一)新加坡大学生创新创业教育的发展演变

新加坡属于亚太地区创新创业教育发展较早的国家,这是因为其国土

资源有限,必须通过人才优势来拉动国家经济发展。从整体来看,新加坡大学生创新创业教育的发展主要经历了三个阶段,分别为萌芽阶段、起步发展阶段和逐渐完善阶段,具体如表 2-9 所示。

表 2-9 新加坡大学生创新创业教育发展概况

阶段	时期	具体内容
萌芽阶段	20 世纪 60 年代中期至 20 世纪 90 年代初期	①创新创业教育发展较为功利化,强调"职业化"; ②提出了"发展实用教育,以配合工业化和经济发展的需要"的指导思想和"教育必须配合经济发展"的指导方针; ③将青年学生送往发达国家进行培训和实习
起步发展阶段	20 世纪 90 年代初期至 20 世纪 90 年代后期	①将创新创业教育发展作为国家人才培养战略的重要组成部分; ②新加坡高校高度重视创新创业教育发展
逐渐完善阶段	20 世纪 90 年代后期至今	①创新创业教育由高校研究型转变为创业型,并全覆盖至中小学; ②形成较为完善的创新创业教育体系; ③提出了"打造市场化产业链"理念,强调创新创业教育与商业的融合,在校园内打造创业生态圈

(二)新加坡大学生创新创业教育的理念与目标

从新加坡大学生创新创业教育的发展历程来看,其始终围绕国家的经济发展而发展,可以说,新加坡大学生创新创业教育的目标就是促进经济发展。具体来讲,新加坡大学生创新创业教育理念的发展可分为四个阶段,具体如图 2-3 所示。

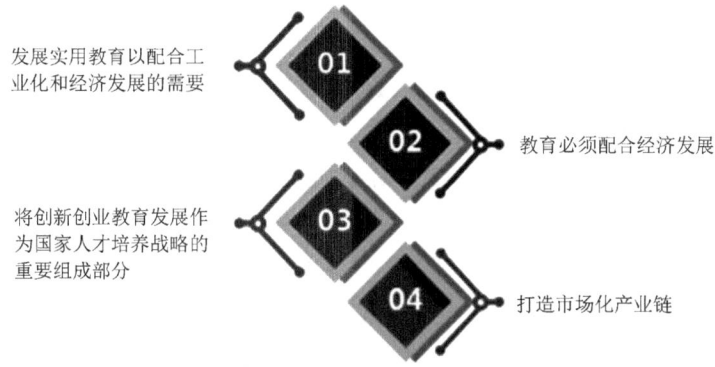

图 2-3 新加坡大学生创新创业教育理念的转变

(三)新加坡大学生创新创业教育的组织模式

经历了 1997 年的亚洲金融海啸后,新加坡逐渐认识到了在国内实行创新创业教育的重要性,并逐渐摸索出了一套适应本国国情和经济发展的创新创业教育体系,即在政府支持下,创新创业课程全面覆盖至中小学,高校由学术型向创新创业型转变,着重打造创新创业教育生态圈。

新加坡大学生创新创业教育组织模式主要包括以下内容:①政府提供充足的资金和政策,支持创新创业教育发展;②高校逐渐由学术型向创业型转变;③成功打造创新创业生态圈;④创新创业教育覆盖至中小学。

(四)新加坡大学生创新创业教育的实践模式

新加坡大学生创新创业教育的实践始终围绕着新加坡的经济发展,因此其选择了国际化办学的实践模式来发展创新创业教育,具体内容是:①创建高度国际化的创新创业教育课程体系,高校还为学生提供了大量的海外实习机会。②组建高度国际化的创新创业教育师资队伍,各高校放眼全世界,寻找优秀且具有实践经验的创新创业教师。③建立高度国际化的创新创业教育协同育人机制,各高校纷纷在校园内部建立起创新创业中心。

二、美国大学生创新创业教育

(一)美国大学生创新创业教育的发展演变

美国是世界上最早开展创新创业教育的国家,其可以被称为创新创业教育的创始国。美国创新创业教育发展的标志为 1947 年由哈佛大学商学院教授创立的"新创企业管理"课程,该课程为之后创新创业教育的发展奠定了基础。20世纪80年代,美国各高校均在为创新创业教育课程体系的建设努力,并取得了较多成果,具体如下:①南加州大学从1971年开始颁发创业学硕士学位证书。②截至2005年,美国各高校共建立了2200多门有关创业的课程。③美国国内有关创新创业教育的学术刊物由1种增加到40多种。④美国国内的创业教育研发中心增加至100多所。

美国之所以能够成为创新创业教育的创始国也是具有一定的历史背景的,具体如下:第一,第二次世界大战(以下简称二战)结束后,大量退伍军人的就业问题亟待解决;第二,美国经济自20世纪70年代就进入了缓慢增长期,大型企业的就业机会减少,这为中小企业的发展提供了广阔空间。

(二)美国大学生创新创业教育的理念与目标

美国大学生创新创业教育的理念与目标为培养学生的创业精神和创业能力。在发展初期,美国创新创业教育主要解决的是二战退伍军人的就业问题,相对较为功利,但经过随后70年的发展,其已经完成了从功利性向非功利性的转变。百森商学院的优秀教师杰弗里·蒂蒙斯认为,创新创业教育不应该以解决生存问题为目的,也不应该是企业家速成教育,而应该是为未来几代人设定的"创业遗传代码",这种观点在一定程度上体现了美国大学生创新创业教育的理念。

(三)美国大学生创新创业教育的实践模式

美国大学生创新创业教育经过70多年的发展,积累了非常丰富的实践经验,也创造出了一套既符合本国国情、又可被其他国家借鉴运用的大学生创新创业教育实践模式,具体内容为:①建立系统化的创新创业教育课程,具体包括激发学生创业意识的课程、传授学生创业基础理论的课程、实战演练创业精选课程等。②注重创新创业教育师资队伍建设,要求相关教师既要有丰富的理论知识,又要具备一定的创业实践经验。

三、德国大学生创新创业教育

(一)德国大学生创新创业教育的发展演变

德国大学生创新创业教育的发展与其高等教育的模式有着紧密的联系,德国高等教育具有明显的社会化和市场化特点,这为大学生创新创业教育的发展营造了良好的环境。德国的大学生创新创业教育发展主要从以下几个方面入手。

第一,构建研究和教育基础框架,为创新创业教育营造良好的环境。20世纪70年代,在大学建立创新创业教育的教授席位制度;1987年,建立创新创业文献数据库。

第二,连接高校与社会创新力量,为创新创业实践的开展提供有力的支撑。西门子、大众等知名企业开展创新创业大赛,为学生提供教学与实践相结合的平台;政府在1999~2001年间投入大量资金支持高校大学生创新创业教育的发展,并专门设立创新创业基金。

第三,政府、高校和企业共同营造良好的创新创业教育文化氛围。政府、高校和企业各司其职,担任不同的角色,共同促进德国大学生创新创业教育的发展。

第四,结合教育与创新发展主体,培育可持续发展的生态体系。将关联性创新主体聚集起来,开展多样化的技术教育,建立具有广泛渗透性的教育系统,培育有竞争力的行业上下游链条,构建可持续生态体系。

(二)德国大学生创新创业教育的理念与目标

在德国政府看来,创新创业与教育是国民经济水平提高和企业快速发展的必要条件,二者缺一不可。因此,德国十分重视大学生创新创业教育的发展,各高校也会在学校战略人才培养规划中渗入创新创业教育,注重学生整体素质的提高。具体来说,德国大学生创新创业教育的理念与目标包含以下几个方面的内容:①重在培养学生的独立性;②培养学生的商业头脑和创新创业的良好品质;③优化创新创业环境,提升经济活力。

(三)德国大学生创新创业教育的实践模式

德国大学生创新创业教育的实践模式主要包括以下两种。
①多元化的创新创业教育课程体系:主要包括高校"课程—中心—竞赛"全程辅导模式;"专业+创新创业"培养模式;"兴趣+行动"导向模式。
②多方联动合作的孵化实践:主要包括校企"产—学—研"合作模式;"中心+孵化器"扶持模式。

第三章 "双创"背景下大学生创新创业教育的融合发展研究

随着我国社会经济的发展和高等教育的改革,创新创业教育已逐渐成为一种新的人才培养模式,同时也是高校教学改革的新切入点。创新创业教育作为一种新生事物,其相关工作的开展难以避免地存在一些短板,这就需要高校采取一定的策略,来推动创新创业教育的融合发展。本章将以我国高校创新创业教育的发展现状为依据,通过分析关系到创新创业教育改革的核心问题,探索有利于创新创业教育发展的新路径与新策略。

第一节 我国高校创新创业教育的现状分析

自 2009 年 11 月,教育部印发《关于做好 2010 年普通高等学校毕业生就业工作的通知》以来,我国各地方政府纷纷响应国家号召,出台了一系列鼓励、支持大学生自主创业的优惠政策,并组织开展针对大学生的创业知识、创业技能培训,以不断提高大学生的创业素养,帮助大学生实现创业项目成果的转化。

在过去十余年的发展历程中,我国的创新创业教育取得了一定的成绩。但同时也要承认,我国的创新创业教育水平仍有很大的提升空间,在很多方面仍存在一些不容忽视的问题,这些都是"双创"时代下我国高校教育需要重点关注的现实问题。下面将对这些问题进行具体阐述。

一、创新创业教育的战略引领亟须强化

当今时代,培养大学生的创新创业能力已成为世界各国高校所达成的共识,创新创业教育在教育领域中的地位也日益突出。截至目前,我国的创新创业教育已基本完成由"简单倡导"向"系统扶持"的转变。然而,由于我国开展创新创业教育的初衷是为了缓解就业压力、提高大学生就业率,带有

相对被动且较为明显的功利色彩,因此,在对教育战略的系统化探索方面,就会显得深度稍有不足。从整体上来看,我国的创新创业教育仍处于起步阶段,在今后的发展过程中,必须加强对创新创业教育的战略引领。

(一)创新创业教育理念的实施有待提升

在开展创新创业教育之前,教育者首先应该明确的是创新创业教育目标:一是培养学生的创新意识和创业意愿;二是使学生掌握基本的创业技能,了解基础的企业管理知识。

当前,我国部分高校的创新创业教育陷入了"为了创业而创业"的误区当中,无论是教育主管部门还是高校师生,对"创业"这一概念的理解或多或少都存在一定的局限性。这种局限性主要体现在以下三个方面。

1.教育主管部门

在教育主管部门看来,开展创新创业教育基本等同于指导学生开办企业,为的是缓解就业压力,对创业知识的普及、创业技能的培养都是以往年毕业生就业指导工作为参考的,并未体现出创新的价值。

2.高校教师

在高校教师看来,创新创业教育是一种针对少数人的"个性化教育",甚至属于"精英教育",在学生所接受的教育中居于附属地位,也无关日常的教学考评,因此在开展相关教育活动时,很难做到真正用心。

3.高校学生

在高校学生看来,创业就是"开公司当老板,不为别人打工",他们向往的是"自己当家做主"的自由,却很少有人能够体会到培养创业意识、提升创业能力对于个人综合素质提升的重要性。

(二)创新创业教育政策的制定有待规划

所谓政策体系,其必然是一个内在统一的有机整体,但就目前而言,我国的创业教育政策体系仍然呈现明显的碎片化特征。

当前,有关高校创新创业教育的政策文件大多出自不同的部门,尚未形成统一的政策制定与发布主体。不可否认,创业教育所涉及的广泛诉求(如资金、政策、信息等)并非单个部门所能解决的,往往需要教务处、学生会、团委、就业指导中心等部门的共同努力,但如果各部门之间长期处于各自为政、独立发布要求和主张的状态中,那么有关创新创业的政策设计仍会表现出全面性、系统性的欠缺。要想将缺乏统一规划的零碎政策落到实处,也会面临较大的困难。因此,各部门之间应加强联动与协作,可根据实际情况联合发布一些政策,以增强政策体系的完整性。

二、亟待配套完善创新创业教育的内外保障体系

创新创业教育是一个由政府、企业、高校、家庭、学生等多个要素共同构成,且各要素之间相互支撑、相互作用的协同系统。其中,任何一个要素在创新创业教育中的"缺席",都会影响教育实效性的发挥。

(一)尚未充分发挥政府的主导作用

近年来,政府虽然从制定政策、成立机构、提供资金、引导舆论等方面,为创新创业教育的发展创造了良好的环境和有利的条件,但作为创新创业教育的领导机构,政府的主导作用仍然可以通过以下几个方面加以强化。

1.政策机制导向作用

政府应从宏观层面做好指引工作,建立健全以高校学生为主体的创新创业教育机制。当创业政策的实际惠及覆盖面小于预期时,政府应制定或调整更加贴近实际情况的、更加"接地气"的创业支持政策。

2.创业教育激励作用

政府应加大对高校开展创新创业教育的激励力度,从课程建设、师资培养、职称评定等角度,引导、鼓励更多的高校教师投入到促进创新创业教育发展的课程建设中来。

3.引导整合创业资源作用

政府应对相关职能部门的资源进行整合,提高资源的利用率,充分打造适应创新创业教育发展的渠道与平台。具体来讲,政府可牵头建立由高校、科研机构、企业协同合作的组织机构,来指导创新创业活动的发展,这也有助于提升社会与高校之间的交流频率。

(二)政策支持与学生实际需要之间没有充分契合

近年来,政府所出台的有关创业的优惠与扶持政策,其主要目的仍是缓

解就业压力,多数政策集中在提供小额贷款、增加税收优惠等方面,但实际上对于缺乏创业经验的高校毕业生而言,政府在信息咨询、政策解析、项目支持等方面所发挥的作用同样重要。如果政府不够重视自身在信息提供方面的作用,就会造成创业主体与部分政策信息不对称的问题,即部分创业的大学生并不了解政府所采取的优惠政策,或对政策的理解程度较浅,导致其在创业的实践过程中未能享受到应得的福利与支持,致使创业规模受到制约。

(三)高校与外部环境的协同程度偏低

高校在进行创新创业教育实践时,与外部环境的协同程度明显偏低,尤其是与企业的合作,仍有较大的发展空间。这是因为对企业而言,追求经济效益的最大化是其最主要的目标,但高校的任务与目标却是培养社会需要的复合型人才,以及获取科研成果。高校和企业所追求的目标、对利益的定位均有所差异,这就导致两者很难针对合作成功后的利益分配达成一致意见。

此外,高校在捕捉市场动态、分析市场需求等方面的效率远不及企业,这就会造成创新创业教育的滞后性,其需要依靠企业进行信息补充。但在一些企业看来,为高校提供创新创业教育方面的帮助,并不会给自身的发展带来实际性的效益,因此企业对此的重视程度明显不足。鉴于此,要想推动高校与企业之间的协同合作,就必须由政府充当"桥梁",通过深入挖掘两者之间的利益共同点,来寻求双方合作的切入点。

(四)高校内部对创新创业教育的共识度有待加强

1.制度有待完善

一是缺乏系统规划,导致在对创新创业教育进行顶层设计时,实施路径不够清晰。二是制定的部分政策缺乏针对性和实效性,且在落实过程中需要经过十分复杂的程序,最终也收效甚微,导致一些学生的创业积极性受挫。

2.实施力度有待增强

虽然创新创业教育的理念已被提出多年,但在实际教学过程中,真正将该理念融入教学活动的高校教师仍然为数不多,大部分情况下这一理念只会在文件、会议中被提及。例如,未将创新创业相关课程列为必修课,可供选择的创新创业课程也极为有限,创业实践基地的建设、创业导师的队伍均无法满足创业学生的实际需求。

3.活动的深度与广度有待拓展

当前,不少高校都在积极举办创新创业讲座、组织创新创业比赛,并通过各种媒介渠道对获得一定创业成就的学生展开宣传报道,以期激励其他学生加入创新创业的行列中。然而,从影响广度和影响深度来看,上述活动的影响力都十分有限。例如,创业比赛将目标定位在选拔创业精英上,这就导致很多学生无法达到参赛门槛,能够参加比赛的学生比例极低,这与鼓励学生广泛参与、使创新创业意识深入校园的初衷是背道而驰的。又如,对创业典型人物的宣传,往往只是以校园报道、宣传海报的形式呈现出来,难以获得广泛关注,也不利于形成全校联动的长效机制。

(五)社会对创新创业教育的认识有待转变

1.企业支持创业的利益化驱动意识强烈

现阶段,大多数企业对高校创新创业教育的支持都是基于"从中获利"这一短期目标,即企业希望能够通过与高校进行合作,招揽一定数量的毕业实习生,借助高校的技术、资金、师资、生源等为自身的盈利服务。总地来说,企业与高校合作的目标较为短视,只注重眼前利益,忽视了培养创新创业人才、建立创新创业合作机制对自身乃至社会长远发展的重要意义,导致合作的可持续性受到限制。

2.家庭对大学生创业的不支持

受传统文化中"学而优则仕"观念的影响,不少家长对学生选择自主创业的态度仍是不予支持甚至是反对的。有些家长认为,创业所需承担风险太大,且不够稳定,一旦在某些方面出现问题就有可能"全盘皆输"。因此,他们更希望学生能够将精力集中放在学习上,以寻求一条稳妥的人生道路。

3.不同群体对创业时机的认识存在偏差

不同的人对最适合大学生进行创业的时机的认识也会有所差异。毕业生可能会认为,创业计划的启动越早越好,而一些已毕业将近三年的社会人士则会认为,在企业工作大约1~3年后,才是最佳的创业时机。这种认知上的差异决定了创新创业教育的受众不应局限于在校大学生,那些已经毕业但仍有志创业的人群,同样是创新创业的潜在受教育者,校内及社会上的创业导师应同样重视针对这一群体的创业培训与创业跟踪。

三、创新创业教育人才的培养体系有待健全

创新创业教育的落实需要一套较为完备的人才培养方案作为保障,包括教育目标、教育方式、课程体系、评价机制等内容。但就目前而言,我国大多数高校的创新创业教育存在不同程度上的教育目标不清晰、课程设置不合理等问题,创新创业教育人才培养体系有待健全。

(一)教育目标不清晰

创业目标的确立应遵循"自上而下"和"自下而上"两个原则。所谓"自上而下",是指高校在开展创新创业教育时,应从国家、社会的需求出发,同时兼顾当地经济的发展水平和未来的发展方向;"自下而上"则是指创业导师在教育过程中应以高校的战略规划和人才培养目标为依据,同时充分考虑专业特点和学生的个人特点。然而,现实是在大多数高校所出台的创新创业教育培养方案中,少有具体且实操性强的方案,一般方案中只是笼统提出"构建多元化人才培养体系"的目标,而缺乏具有测量性的表述或指标要求。

(二)课程设置不合理

随着创新创业教育的逐渐普及,相关课程越来越受到各地高校的重视和各届毕业生的广泛关注。鉴于此,将"双创"教育内容融入大学教育的课程体系中,并通过优化课程结构的方式来构建创新创业教育课程体系,就显得尤为重要。然而就目前而言,我国针对高校创新创业课程体系的建设,并未能很好地满足创业者人才培养的需要。

1.专业化程度有待提高

当前,我国高校"双创"课程的发展仍处于起步阶段,在课程结构设置上容易出现忽视学生个性、忽视知识多样性等问题,这些问题的存在将直接影响创新创业课程体系的专业化水准。

在课程结构方面,有关创新创业的课程大多以选修课的形式呈现,很少会有高校将其设置为必修课和专业课,且在课时安排上存在明显的随意性,很难引起学生对于该课程的足够重视,这导致多数学生都是为了学分而选课,或是出于好奇而选课,并不了解课程设置的现实意义。

在教学内容方面,多数学校并未将实践操作列入"双创"课程的教学内容中,导致该课程的教学形式与其他偏重理论的课程并无二致,即都是由教师传授知识,学生只负责学习和接收,学习效果无法与社会需求相匹配。

2.课程体系建设的协同程度有待提升

此处的"协同程度"主要体现在高校、企业、社会之间的关系上,协同程度的不足主要体现在以下几个方面。

(1)未能实现校内协同

大多数高校仍未将创新创业课程引入人才培养体系,而是将创新创业教育等同于专业知识教育,不仅缺乏各部门联动的"双创"实践平台,也尚未建立与"双创"相关的学分折算体系或学分积累与转换制度,仍是通过与其他课程几乎毫无差别的教学方式对待创新创业教育课程。

(2)校内外协同程度低

多数企业对创新创业课程体系构建所做的贡献,都只体现在对技术层面、资金层面的支持上,未能与高校共建"双创"教育平台,校企之间所达成的创新创业联盟十分有限。这不仅不利于企业转变发展模式,也使校内外协同育人、协同创新的目的的达成变得十分困难。

(3)未充分整合政策资源

当前,教育政策对"双创"教育的鼓励与支持大多停留在理念层面,可操作性与实效性较为有限。而融资难又是大学生在创业过程中遇到的最普遍和最主要的问题之一,且这一问题的解决单靠构建创新创业教育课程是很难实现的。因此,如果不对政策资源的整合加以重视,帮助学生解决可能在创业时遇到的实际问题,学生将难以信服创新创业教育所发挥的实际作用。

四、创新创业教育的文化支撑亟须加强

《2015年后发展议程》指出,文化是可持续发展的根基[5]。社会经济的发展为创新创业文化的形成与发展奠定了物质基础,创新创业文化的发展又进一步促进了创新创业教育活动的开展。

近年来,在我国教育行政部门的支持下,我国的创新创业教育取得了一定的成绩,但创新创业文化作为教育的支撑,其力量仍较为薄弱,有待增强。

(一)有待理清创新创业文化的内涵

创新创业文化主要包含创新创业物质文化、创新创业精神文化、创新创

业实践文化三个方面的内容。其中,创新创业物质文化是指用于开展"双创"教育的场地、设施、器材等;创新创业精神文化是指在创新创业过程中提炼出的思想观念、精神氛围及敢于开拓、勇于探索、不畏艰险、不惧失败的"企业家精神";创新创业实践文化则是指在创新创业教育过程中,实现主体与客体相统一的一系列活动。

(二)有待明确创新创业文化的作用

文化作为一种"软实力",具有强大的凝聚力和影响力。无论是对国家层面的创新创业大局,还是对学校层面的创新创业教育工作,文化都能发挥自身的导向与支撑作用。

1.明确目标

创新创业文化所营造出的文化环境,能够为广大创业者指引一个相对明确的前进方向。创业者也能在遇到困难和迷茫时,借助创新创业文化来有效排解外在干扰和内心困惑,以获得在创业道路上坚持的信心与勇气。

2.增强凝聚力

当今时代,人们的个体意识、独立意识越发强烈,相比之下对于"集体"的概念则稍显模糊,换言之,人们已经很难被大规模地聚集、组织起来。但对于具有创业意愿的创业者而言,创新创业文化仿佛一种召唤,能够引起同样的"有志之士"的共鸣,通过激发创业者们的创业信心与热情,将数量众多且分布零散的"创客"们聚集起来,使之自发形成一个"集体"。

3.激发内在动力

创新创业文化作为一种社会意识形态,需要经历三个发展阶段,即自在阶段、自为阶段、自在自为阶段。人们可通过物质形态的创业活动,将原本需要依靠教师灌输的、有关创新创业的思想观念等内化为固有的内在精神,并按照这种精神自觉自愿地展开创业行动,以充分发挥创业者的潜力与能力,并发挥创新创业文化的实效性作用。

(三)有待解决创新创业文化的问题

创新创业文化的作用如前所述,但就目前而言,其在创新创业实践过程中所发挥的作用仍十分有限。无论是社会还是学校,都还需要从多个方面对创新创业的支撑性作用加以固化。

1. 高校理解存在片面性

高校对于创新创业文化的理解,或多或少都存在着一定程度的偏差,具有一定的片面性。例如,有些学校虽然重视对创业活动的举办、对创业典型的树立、对创业场所的建设,却忽略了思想层面的教育;有些学校则可能一味强调对创新创业课程的建设,以期通过课堂教育来深化学生的创业理念。然而事实是理论和实践对创新创业文化而言都是不可偏废的一部分,只侧重其中任何一面,都有可能造成其他方面的欠缺,从而阻碍创新创业文化支撑性作用的发挥。

2. 核心价值尚未凝练

文化软实力的发挥,应首先基于对文化核心价值的挖掘。只有明确了创新创业文化的核心价值,并使从属于文化范畴的思想、活动等都围绕核心价值展开,才能充分发挥文化软实力的作用。但就目前来看,创新创业文化的核心价值尚未得到有效凝练,这就使创新创业文化导向性作用的发挥受到限制。因此,创新创业教育工作者必须通过对教育过程中的经验与教训进行积累,再在积累的基础上进行总结,这样才有助于对创新创业文化核心价值进行挖掘,并充分发挥创新创业文化的导向功能。

3. 功利性较为浓重

创新创业作为一项实践活动,其结果和效果必然需要人们通过一定的手段和标准进行评价与衡量。然而,如果将评价创新创业的标准局限于是否获得充足融资、是否产生大量盈利、是否形成科研成果等,则会使创新创业的意义陷入工具性、功利性的误区,这将对创新创业教育的发展造成严重伤害。

不可否认,类似融资、盈利等现实性问题直接关系到创业活动能否顺利开展,这些内容也是创新创业教育理应涉及的,但对尚未毕业的大学生而言,通过思想教育和现有的实践活动,使其在脑海中牢固树立创新创业的意识,并端正创新创业的态度,则是更为重要的。大学生只有从思想层面明确创业目标、坚定创业信念,才有可能以足够的勇气和不屈的精神来应对创业过程中难以回避的种种现实问题。

五、创新创业孵化基地的作用有待凸显

所谓创新创业孵化基地,是指由政府搭建的,专门用于帮扶、促进劳动

者自主创业的智能化、公益性服务园区,也是推动创新创业的重要开放平台。在孵化基地中,新创办的小微企业能够获取有利于自身存活与发展的环境与服务,这有助其最大限度地化解创业风险。创新创业孵化基地的类型主要包括以下几种,如图3-1所示。

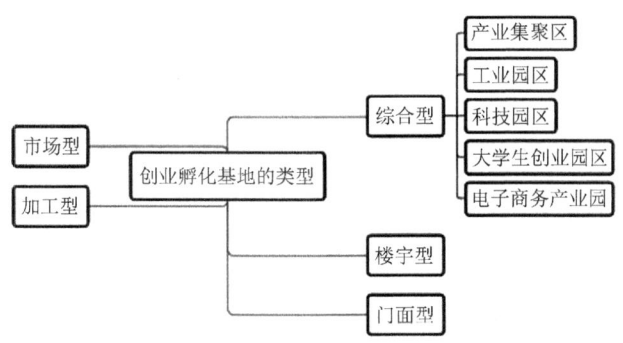

图3-1　创新创业孵化基地的类型

目前,部分高校为响应国家号召,支持学生开展创业实践,利用一部分场地用以建设创新创业孵化基地。然而,从整体上来看,由高校创建的孵化基地的孵化能力普遍偏弱,这主要是由以下两个原因导致的。

第一,孵化基地的建设并未得到有效支持。虽然近年来各级政府均出台了一系列政策文件,鼓励高校加入新建、改造孵化基地的队伍中来,并带头建立了一批服务平台,用以协助创业活动的开展。但政府提出的引导性政策大多属于停留在宏观层面的总体说明,少有落实于微观层面的、有关实际操作的明细规定,也未见具体的措施和监督机制。

第二,高校建设创新创业孵化基地的条件有限。由于学校属于教育用地,一般不能用作商业用途,因此即使政府出台了相关的扶持政策,但在实际的操作过程中,受手续程序、责任归属等因素的限制,高校用地仍难以作为注册地来建设创新创业孵化基地。

第二节　我国高校创新创业教育革新的核心问题

一、创新创业教育课程体系的构建问题

创新创业教育课程体系的构建,应当从以下三个方面着手进行:一是明

确课程体系的建设目标,二是整合创新创业课程的内容,三是优化课程体系的结构。

(一)定位目标

课程体系的内容主要包括人才培养的目标、人才培养的标准、人才培养的途径等,其中人才培养目标的实现是构建创新创业教育课程体系的重要依据和基本目的。下面将从共性目标和个性目标两个层面,对创新创业教育课程体系进行定位。

1.共性目标

创新创业教育面向的是全体学生,因此可以将构建创新创业课程体系的共性目标定位为培养具有创业意识和创业品质的优秀创业者,从整体上提升大学生的综合素质,包括对其创业意识的强化、创业知识的拓展、心理品质的培养等,以促使大学生不断适应变化着的时代需要。

2.个性目标

培养学生的创业实践能力是创新创业教育的个性目标。创业实践能力主要包括经营能力、职业能力和综合性能力。需要注意的是,创业课程体系个性目标所针对的学生群体,其自身应具有强烈的创业意愿或一定的创业实力。

(二)整合内容

课程目标的实现需要以科学合理的教育内容为基础。根据现代课程的划分标准,同时结合创新创业教育的发展现状,我们可以将创新创业课程划分为隐性课程与显性课程、基础课程与专业课程、理论课程与实践课程等类型。

1.隐性课程与显性课程相结合

所谓隐性课程,是指间接而内隐地存在于学校文化或社会环境中,对学生的身心发展起到潜移默化的作用的"课程",此处可以将"课程"理解为文化、氛围等。显性课程就是通常所指的课程,即学生在教师的指导下,对相关知识的接受过程。将隐性课程与显性课程相结合,有助于学生树立正确的创新创业价值观,养成良好的创新创业行为习惯。

2. 基础课程与专业课程相结合

基础课程是指以普及创业知识、培养学生创业意识为目的的课程,其教育对象可以是不同专业、不同年级的全体学生。专业课程则是指由不同学院分别开设的,用以向学生传授专业知识、培养专业技能的课程,其面向的是处于该课程所对应的专业与年级的特定学生群体,强调"术业有专攻"。将创新创业基础课程融入不同专业的专业课程中,有助于学生根据个人情况,从与专业相关的领域中寻找不同的创业机会。

3. 理论课程与实践课程相结合

理论课程为学生自主创业所奠定的知识基础是必不可少的,实践课程则是为了帮助学生将所学的理论知识运用于实践。理论课程与实践课程之间形成了相互支撑、相互促进的关系,但就目前而言,高校在组织创新创业教育时总会重理论、轻实践,或重实践、轻理论,而难以将两者有机、和谐、统一地体现在创新创业教育过程中。

(三)优化结构

从系统论的角度来看,优化创新创业课程体系的结构,对于其教育功能的发挥具有重要作用。具体来讲,可将创业类课程分为必修课和选修课两种类型。创业类必修课以向学生传授专业的创业知识和创业技能为目标,可开设创业管理入门课、创业技能课、创业实务课、职业指导课等课程。创业类选修课应以培养学生的创业意识、强化学生的心理品质为目标,可开设市场营销、企业管理、创意策划、企业文化与企业精神培育等课程。

(四)总体原则

在构建创新创业教育课程体系时,高校应坚持目标导向原则、综合能力拓展原则、实践互动原则,以促进学生在创业和专业两个领域的协调发展。

1. 目标导向原则

如前文所述,培养具有创业意识和创业品质的创业者是构建创新创业课程体系的共性目标,提高学生的创业实践能力则是开展创新创业教育的个性目标。因此,一切有关构建创新创业课程体系的活动都应围绕上述目标进行组织与开展,取消"边缘化"课程,增设有利于实现培养目标的课程,同时注意根据时代的发展、社会经济水平的变化等,及时调整培养目标与教育内容。

2.综合能力拓展原则

在设置创新创业教育的课程内容时,高校应在践行素质教育理念的基础上,重视对学生综合素质的培养,即在课程内容安排方面体现综合性特征,以促进课程建设的融合发展。

3.实践互动原则

正所谓"目见之不如足践之,足践之不如手辨之",在构建创新创业课程体系的过程中强调实践性原则,通过举办创业大赛、职业生涯规划比赛等模拟类创业活动,来培养学生的实践能力,有助于将学生对"创业"这一概念的理解由抽象转为具象。此外,高校还应积极创造条件,为学生开设以校企合作模式为主的创业实践课程。与模拟类创业活动相比,校企合作模式更加贴近于市场运作,也能够更进一步地提升学生的创业实践能力。

(五)实施策略

为实现创新创业课程体系的功能最大化,高校应从教材、师资等方面着手,通过挖掘具有创业潜力的创业者,来不断推动创新创业教育的发展。

1.推进教材建设

当前,我国的创新创业教材时常会陷入"千篇一律"的误区,整体框架多有雷同,具体内容也大同小异。而那些从国外引进或经过翻译的外国教材,又明显缺乏中国特色。总之,有关创新创业的高质量、权威性教材在数量上并不可观,无法满足大学生创业的现实需求。高校在选择相关教材时,应对教材的质量(包括结构、逻辑性、印刷质量等)严加审核,以确保教材能够切实发挥其对学生应有的指导作用。

2.组建专兼职相结合的师资队伍

当前,组建一支由理论性专业教师和实践性兼职教师共同构成的师资队伍,对创新创业教育而言是一种比较合理的师资力量补充方式,这也有助于同时满足学生对研究型教师和经验型教师的需求,使创新创业教育获得更好的发展。从根源上讲,组建专兼职相结合的师资队伍是解决我国高校在创新创业教育师资队伍建设方面所存在的问题的必然要求。下文将对目前我国创新创业教育在师资队伍建设方面存在的问题进行具体分析。

二、创新创业教育师资队伍的建设问题

师资力量的不足始终是阻碍我国高校创新创业教育进一步发展的重要因素,部分高校对学生创业培训工作的开展不够重视,则加剧了这一阻碍的作用。目前,我国创新创业教育师资队伍建设的问题主要体现在以下三个方面。

(一)师资数量明显不足

《中国高等教育质量报告》显示,我国高等教育的在学总规模位居世界第一,且在我国高校学习的在校大学生总数约占全世界总量的五分之一,即在世界范围内,平均每五名大学生中便会有一人在我国高校就读。然而,与这种规模上的优势不相匹配的是,我国高校对创新性人才的培养力度不足,且高水平教师和创新团队、教学经费与实践资源均不足以支撑如此庞大的教学规模。这导致我国的创新创业教育不仅无法实现从量到质的跨越,甚至还在某种程度上成为我国高等教育发展的"软肋"[6]。

(二)师资类型比例失衡

一个完整的创新创业教育体系,应当既包含对理论知识的传授,又包含对实践过程的操练。也就是说,创新创业教育的师资供应理应满足这两个过程的需要,即在理论型师资、实践型师资、综合型师资三类教师资源中,综合型师资是最有助于提升学生创新创业水平的一种教师类型。

然而,目前的现实情况是综合型师资在高校中所占比重远远小于其他两种类型,且现有的创新创业教师大多无法做到对理论教学和实践教学"一碗水端平",尤其是兼职类教师。由于兼职类教师大多由校内行政人员、辅导员或其他相关专业的教师担任,因此普遍更加注重理论教学,而实践经历则被整体削弱。总之,在当前的创新创业师资队伍中,真正能够达到"综合型"标准的教师数量十分有限。

(三)校外导师的作用有待发挥

由于我国高校普遍尚未建立起科学的创新创业导师管理制度,因此,在聘请创业导师加入创新创业队伍时,往往会出现以下问题。

第一,准入不严。高校缺乏对校外创业导师的遴选标准与管理制度,所聘请的导师大多是基于校内员工的"个人关系",并无任何教育经验。即使

他们在创业方面具有丰富的经验,并取得了一定的成就,但在面向学生时并不一定能够将经验条分缕析地阐述出来。

第二,管理力度不够。创新创业导师未被纳入高校的人事管理范畴,这就会导致职责不明、缺乏监管与考核等问题的出现。

第三,辅导随意。大多数创业导师都有着自己的"主业",当自己的本职工作与创业指导这一兼职工作发生时间等方面的冲突时,其一般会选择放弃"兼职",显示出鲜明的随意性,导致创业指导效果并不理想。

第四,作用有限。校外创业导师发挥作用的方式较为单一,一般是以讲座形式向学生讲述其创业经历,为学生传授创业经验。由于缺乏针对性的指导,学生要想从中获得实质性的帮助,还是存在较大困难的。

第三节 "双创"时代大学生创新创业教育发展的新路径

一、变革大学生创新创业教育理念

由于我国的创新创业教育是基于严峻的就业形势和巨大的就业压力而形成的,具有强烈的目的性,因此,创新创业教育不仅缺少启蒙教育作为基础,也未能实现大、中、小学的一体化衔接。对于大多数学生而言,"创业"是一个直到大学毕业才有所接触的概念,这使得其对"创业"的理解十分片面,认为创业就是自己开公司、当老板。

鉴于此,高校应将变革创新创业教育理念作为开辟创新创业发展新路径的第一步,努力实现"素质型教育"和"职业型教育"的统筹兼顾。所谓素质型教育,是指培养学生在工作岗位上进行创造性工作或服务、创造性地思考问题并解决问题的素质;职业型教育则是指培养学生创办企业实体、创造就业岗位的能力。只有对两者进行兼顾与融合,才能使创新创业教育发挥其在人才培养、社会服务、文化传承等方面应有的作用。

二、促进创新创业教育系统发展的关键要素

(一)从大学生角度

当前,传统教育模式已无法满足新时代对创新型人才的需求。重新规划育人思路,拓展教育改革的范围,培养新时代的"四有"人才,是创新创业教育肩负的重要使命。具体来讲,创新创业教育既要提高学生的生存能力,也要培养学生的科学文化素质,既要帮助学生形成健康的个性,同时也不能过分强调个性发展,忽略了对集体主义观念和群体意识的强化。总之,创新创业教育的作用不仅在于培养学生的创业能力,更重要的是引导学生形成正确的世界观、人生观、价值观,使之具备良好的思想修养与道德品质。

在改革开放不断深化,世界一体化格局逐渐形成的社会背景下,培养学生的人际交往能力,强化学生的合作意识与团队精神,使学生保持良好的竞争心态,都是十分重要的。而要想做到以上几点,就要在创新创业教育中融入群体意识教育,促进学生群体意识的形成。所谓群体意识,即一个群体中的所有成员共同具有的精神状态和思想面貌,其作用在于使大学生在接受创新创业教育的过程中保持和谐、协作的氛围,通过共同的学习与探讨来丰富文化知识,提高思维能力,培养观察力、想象力和创造力。

(二)从教师角度

现阶段,高质量创业师资的短缺是阻碍我国高校创新创业教育发展的主要因素,这是因为大多数教师之所以能够进入高校教学,是出于"就业"的需要,而非"创业"的结果,换言之,高校教师队伍中真正具有创业经验的并不多,这就给创新创业教育蒙上了一层"纸上谈兵"的色彩。因此,吸纳具有企业管理理论背景或实践经验的教师,以构建一支相对专业且具有强创业能力的创业型师资队伍,是促进创新创业教育系统良性循环的又一关键要素。

三、加强大学生创新创业法律教育

市场经济的运行以法律为准绳,创业者如果对相关法律有着充分的了解,其进入市场后就能很快地被市场接受,反之,创业者如果对相关法律问题一窍不通,其创业之路不仅会走得异常艰难,还有可能因无意触犯法律而导致创业计划夭折,甚至需要付出更大的代价。因此,高校必须重视对创新创

业法律教育的普及。创新创业法律教育的作用主要表现在以下几个方面。

(一)提高创新创业竞争力

对于那些市场敏锐度较高的创业者而言,法律除了具有强制性之外,也是国家进行市场调节的重要手段。通过法律,创业者不仅知道自己可以做什么、不能做什么,也可以从中得知国家对哪些行业是持鼓励、扶持态度的,又对哪些产业是有所限制的,有助于其尽早发现商机,提高创业竞争力。

(二)降低创新创业风险

在创新创业过程中,创新创业者需要应对层出不穷的法律风险,有时法律风险所带来的后果远比市场本身所带来的风险更加严重。因此,大学生要想尽早成为一个成熟的市场主体,掌握充分的法律知识是最首要的途径。尤其大学生在创业初期,往往处于规模小、资金链薄弱、抗风险能力差的状态中,此时如果对相关法律不够了解,就容易陷入各类陷阱,轻则影响企业经营,重则直接导致创业失败。由此可见,加强创新创业法律教育,提高预防纠纷、解决纠纷的能力,对于创新创业者法律风险的降低是十分有必要的。

(三)避免误入歧途

大学生作为一个相对缺乏社会经验的群体,在创业初期很有可能陷入急功近利的误区,面对社会环境中的各种诱惑,也很有可能因心理发育尚不成熟而误入歧途。因此,高校应充分重视对学生法律素质的培养,强化学生的法治意识,让学生明确意识到什么能做、什么不能做,以免学生试图在创业过程中打法律的"擦边球",甚至走上违法道路。

第四节 "双创"时代大学生创新创业教育发展的新策略

一、专业教育与创新创业教育的深度融合

近年来,专业教育服务于社会经济的能力持续增强,但专业教育的发展

程度一时还无法完全满足社会需求。此时,"大众创业、万众创新"作为一种新型高等教育理念开始进入职业教育中,创新创业教育与专业教育共同形成了新的人才培养模式,这一模式与"工学结合、校企合作"的改革要求是一致的,这就为依托于专业教育的创新创业教育发展提供了平台。下面将对专业教育与创新创业教育的融合发展进行分析。

(一)专业教育与创新创业教育融合的意义

1.增强大学生的竞争能力

国家对高等教育的改革提出了"工学结合、校企合作"的要求,而专业教育本身又包含了"创新教育"和"创造教育"两重含义,因此,促进创新创业教育与专业教育的融合,是符合时代发展要求的。

创新创业教育也可以被理解为一种经过深化的专业教育。一般情况下,接受过创新创业教育的学生,其人际交往能力和团队精神、合作意识都会有所增强。无论日后学生是选择就业还是创业,这些能力和精神的强化都将有助于其竞争力的提高,使其获得更加优质的工作机会。

2.拓展大学生的工作渠道

随着我国就业形势的日益严峻,越来越多的大学生会在临近毕业之时感到前路迷茫,而自主创业则为解决他们的就业问题开辟了全新的途径。学生可以通过学校开展的创新创业教育,判断自己是否具备创业能力,并借助创新创业教育学习一些基本的创业知识和创业技能,在提高自身素质的同时增强自己的创业竞争力。如此一来,那些具有创业潜质的毕业生不仅能够解决自己的工作问题,还能够为他人提供更多的工作岗位,从而进入良性循环的状态。

3.提高高校的生存发展能力

受全球经济一体化的影响,当前,人才已成为各国开展竞争与合作的重要资源之一。因此,高校不仅承担着培养高素质专业型人才的任务,还要负责培养勇于挑战、敢于创新的创业型人才。为满足这一需求,我国高校开始加快推动专业教育与创新创业教育的融合,一方面紧抓专业知识和专业技能的传授力度,另一方面也越发重视对高素质人才创业能力和创业精神的培养,为国家应对日趋激烈的国际竞争奠定人才基础。

(二)专业教育与创新创业教育深度融合存在的问题

当前,我国高校正在稳步推进专业教育与创新创业教育的融合进程,但在这一过程中,仍存在一些问题是相关工作者不应忽视的。

1.高校领导认识的片面性

部分高校领导对创新创业教育存在一些片面的认知,即认为创新创业教育活动的开展只需交由某一部门负责,或从学校内部开辟出一个部门专门负责创业项目,将一切与学生创业相关的具体事务都交由该部门办理即可。然而实际上,无论是校企合作办还是创业指导中心,都很难凭借一己之力对创新创业教育进行整体上的规划,而只能从部门层面开展创新创业教育,这样势必会造成全局观念的缺失,很多与创新创业教育相关的活动将难以在全校范围内推广开来,最终导致创新创业教育的作用受限。因此,高校领导层必须提高对创新创业教育的重视程度,必要时还应亲自组织相关活动的开展。

2.管理层重视度不够

目前,不少高校还未将创新创业教育纳入人才培养整体规划和学生培养方案中,这导致创新创业教育难以渗透到具体的教学活动中,与专业教育的融合也不够顺利,学生无法通过专业教育实现对自身创业能力的提升。

3.教师教学中践行力度不够

领导层和管理层对创新创业教育的不够重视,在一定程度上直接导致了教师在教育实践中的消极态度。部分教师认为开展创新创业教育工作的任务应由就业指导中心的相关工作人员承担,自己只需教好专业课即可,因此从未从创新创业的角度去着手准备教案编写、备课等事项,继而造成专业教育与创新创业教育的脱节。

(三)专业教育与创新创业教育融合的路径

1.优化人才培养方案

要想使大学生获得全面发展,高校就应将创新创业教育的培养方案融入专业教育当中,使创新创业教育与专业教育同步开展。优化创新创业教育人才培养方案是实现两者融合的前提,人才培养方案中应明确指出对创业能力和创业精神的培养标准,使培养创业型人才的教育能够获得与培养技能型人才的教育平等的地位,确保创新创业教育能够在专业教育的课堂上占有一席之地。

2.深化课程体系的改革

创新创业课程体系的构建应在不影响专业教育效果的前提下,根据不同学生的实际需求,开设针对不同岗位的培训课程,并将这些培训课程融入专业教育中。同时,为了帮助学生以最快的速度适应社会环境,未来高校课程体系的改革重点或将放在对学生创业能力和创新精神的培养上。

3.培养实践型的创新创业教育师资力量

在创新创业教育与专业教育的融合过程中,师资力量能否发展壮大将直接影响融合的效果与进度。从实践角度来看,高校应为专业教师创造与社会上的成功创业人士沟通交流的条件与机会,使专业教师从实践中获取开展创新创业教育的理论与方法,而不再局限于"纸上谈兵"。基于此,专业教师会更加了解如何将创新创业教育的内容融于专业教育中,也会更加明确如何增强学生的创业意识和社会竞争能力。

4.营造校园文化氛围

校园文化会对学生的思想观念、行为方式产生潜移默化的影响,如果校园内的创新创业文化氛围较为浓厚,势必会激发越来越多的学生树立坚定的创业理念。基于现实条件,高校可定期组织一些与创新创业相关的社团活动或技能比赛,并通过宣传报道等途径,对其中表现突出的学生予以鼓励和表扬,在帮助学生重塑创业信心的同时,也可以此为契机,推动创新创业教育与专业教育的融合。

二、思想政治教育与创新创业教育的发展融合

思想政治教育是培养高等教育人才的重要途径,也是一项必须长期开展、常抓不懈的工作。因此,高校应积极推动思想政治教育与创新创业教育的融合,使思想政治教育成为促进创新创业教育发展的又一渠道。

(一)思想政治教育与创新创业教育融合的意义

1.思想政治教育有助于增强大学生的创业意识

树立坚定的创业意识,是大学生迈向创业之路的第一步,而创业意识一般是在学习、生活、实践中潜移默化形成的。由于思想政治教育在大学阶段占据着十分重要的地位,因此,如果能够促进创新创业教育与思想政治教育的融合,那么高校中创新创业教育所占比重就会有所增加,学生创新创业意识的形成相对也会更加容易。

心理健康教育是思想政治教育与创新创业教育的关键融合点。刚刚走出校园的大学生在开展创业活动时,必然会受到来自各个方面的打击与压力,此时,如果学生不具备面对困难永不退缩的勇气、无法保持乐观的态度和稳定的心态,就很有可能放弃创业。而涵盖于思想政治教育中的心理健康教育正是为解决学生的心理问题、提升学生的勇气与力量而服务的。由此可见,思想政治教育对增强学生的创业意识和创业信心具有十分重要的意义。

2.思想政治教育有助于提高大学生的创业能力

大学生的创业行为能否取得成功,归根到底取决于大学生是否具备丰富的创业知识和一定水平的创业能力。所谓创业能力,包括但不限于学习能力、思维能力、领导能力、市场调研能力等,可以说,一名合格的创业者应基本具备实现个人全面发展的各项能力。而思想政治教育对大学生能力的提升,主要体现在思维能力和沟通协调能力上。

(1)提高大学生的思维能力

思想政治教育以马克思主义理论为指导,强调"唯物辩证"的观点,教导学生任何事物都具有两面性,既要看到好的一面,也要看到不好的一面。在创业过程中,如果学生能够学会从不同的角度看待问题,明白事物的发展是前进性与曲折性的统一,那么其就能做到胜不骄、败不馁,既能及时抓住发展机遇,面对挫折时也不至于心灰意冷。思想政治教育有助于大学生沉着、冷静地面对创业过程中的各种机遇与挑战。

(2)提高大学生的沟通协调能力

思想政治教育对沟通协调能力的提升作用主要体现在对受教育者逻辑能力和表达能力的提高上。在创业过程中,团队成员的关系、团队合作的质量将在很大程度上决定创业活动开展的顺利与否。由于创业活动涉及利益分配、职务安排等问题,而凡是牵涉利益之处或多或少都会存在纷争,此时,创业者的沟通协调能力就会显得十分重要。尤其是创业活动的发起人,必须具备强大的沟通协调能力,即既要做到逻辑清晰,又要掌握语言的艺术,只有这样,其所做出的决策才会使团队成员心服口服,有利于维持团队氛围的和谐与稳定。

3.思想政治教育有助于培养大学生的创业品德

创业者的人格魅力有时也会影响创业活动的进展与效果。创业品德是对创业者人格魅力的最集中体现,诚信、节俭、求真务实、社会责任感是一名优秀的创业者所必备的四项精神品质。

(1)诚信

诚信是一个企业生存和发展的基石,诚实做人、诚信做事也是一名创业者能否取得成功的关键。对于企业而言,实现经济利益最大化是其主要目标,但要想获得长久的经济效益,则必须依赖于诚信经营。企业只有树立起诚实守信的形象,才能对客户形成巨大的吸引力,从而不断获得发展机遇。

(2)节俭

勤俭节约是中华民族的传统美德,也是思想政治教育始终倡导的思想观念。在创业初期,大学生的财力、物力普遍十分紧张,只有学会理财、懂得节俭,才能使财富逐渐积累起来,这有助于创业活动的成功和良好企业文化的树立。

(3)求真务实

一切从实际出发、实事求是,是马克思主义理论的基本观点之一。在创业过程中,大学生只有将理论与实践相结合,同时做到表里如一、求真务实、脚踏实地,才有可能取得事业的成功;反之,如果急功近利、弄虚作假,最终必然只能收获"苦果"。

(4)社会责任感

社会的稳定与和谐有赖于每一位社会成员的努力,提升社会责任感也是为了提升自身生活的幸福指数。这就要求大学生在从事创业活动时,时刻牢记将国家利益、民族利益、社会利益放在首位,且一切活动的进行都必须以不损害他人利益为前提。

(二)思想政治教育与创新创业教育发展融合的路径

1.强化大学生的主体意识

主体意识是指人们在社会生活中,对自身的社会地位及自我价值所形成的自觉认知。强化大学生的主体意识,也可以理解为在实践活动中,发挥大学生的主观能动性。

从学生层面来看,大学生应首先明确自己是创新创业活动的能动主体,而不仅是创新创业教育的被动接受者,学生自身应牢固树立主体观念和主体意识。

从高校层面来看,学校应尽可能地为学生的创业活动提供实践条件,使学生能够切身体会到自身的主体地位,并帮助学生通过思想政治教育和创新创业教育,树立责任意识和大局意识。

2.激发大学生的创业意识与竞争意识

培养学生的创业意识是创新创业教育的前导性任务。并不是每一位接受过创新创业教育的学生都必须进行自主创业,但创业意识中所包含的精神与理念,却能使每一位学生都从中获益。无论大学生将来是选择就业还是创业,又或者是继续深造,都应具备"初生牛犊不怕虎"的精神,以及不畏艰险、奋勇向前的勇气和决心。因此,思想政治教育和创新创业教育都不应局限于对理论知识的传授,而应借助一些成功创业的实践案例,使学生受到精神层面的感染。

培养学生的竞争意识,则是为了使学生明白,市场经济从某种意义上来讲也是一种竞争经济,如果缺乏竞争,市场将失去活力。持续不断的良性竞争有助于激发人的创新思维,人类历史上的创造性活动大都因竞争而起。因此,高校应着力为学生打造良性竞争的环境,帮助学生初步树立起竞争意识,以免学生在走出校园后,会因无法应对复杂的竞争压力而感到心态失衡。

3.培养大学生的创业品德

所谓品德,是指个人品质和言行举止在特定情境下的整体呈现,也是个体从主观上对善恶、美丑、是非等问题所做出的反馈。对大学生创业品德的培养,应从坚定理想信念和提升道德修养两个方面着手。

(1)坚定学生的创新信念

一般来说,一名成功的创业者必然有着异于常人的决心与耐心,只有信念足够坚定,才能克服一切阻碍前进的困难。坚定的创业信念是激励大学生为自己的理想不懈奋斗的重要精神力量。

(2)提升学生的道德修养

良好的道德修养是一个人立足于社会的根基,更是一名成功创业者的必备素养。每一位创业者都应遵循"先做人、后创业"的原则,无论创业的结果是成功还是失败,创业者都应将良好的道德修养延续下去。

4.增强大学生的创业能力

创业能力以活动主体的智力活动为核心,以知识、经验、技能为基础,以复杂而协调的行为动作为外在表现,具有较强的综合性和创造性,是人的能力的最高表现形式。创业能力包括创新思维能力、沟通交往能力和实践能力,这些能力的培养均需要通过将创业实践教育与社会实践教育相结合。

(1)创新思维能力

思想政治教育能够帮助学生通过运用马克思主义基本原理,来解决现实生活中的种种难题,进而提高学生的思维能力,使其逐渐学会自行发现问题、分析问题、解决问题。久而久之,学生就能够独立掌握思维运行的基本规律,并运用辩证思维去处理现实问题。

(2)沟通交往能力

创新创业是一项具有强烈社会性的活动,没有一个人能够在不与他人沟通交流的情况下完成这项活动。即使创业者选择的是个体工商户或个人独资企业这种"单打独斗"的创业组织形式,在登记、审批等环节中也不可避免地要与各个政府部门打交道。因此,创业者必须具有良好的社会交往能力,这将有助于其工作效率的提高。

(3)实践能力

实践能力包括创业思维能力、社会交往能力等从事创业活动的必备能力。创新创业教育必须加强对学生实践能力的培养,如开设实践活动相关课程、定期举办一些类似创业技能大赛的活动、打造创业实践基地等,为具有强烈创业意愿的学生提供场地、服务等方面的支持,在切实提高大学生的创业实践能力的同时,营造良好的创业氛围。

三、创新创业教育实践体系的建设

创新创业实践体系是一个以强化学生的创新意识、培养学生的创新精神、丰富学生的创业知识、锻炼学生的创业技能为主要目标,同时涵盖课程教育、社会实践、平台建设等诸多内容的实践体系。创新创业教育实践体系的建设对高校创新创业教育的发展具有显著的推动作用。

(一)教育实践体系构建的理论基础

1.教育实践体系的内涵

教育实践体系的概念有广义和狭义之分。广义的教育实践体系是指由目标、内容、管理、评估等诸多要素构成的整体体系;狭义的教育实践体系则单指教育实践的内容体系。本书将教育实践体系定义为"一个以培养教育实践人才为目标、以教育实践活动为主要内容、以环境资源为支持条件的有机整体"。

2.教育实践体系构建的理论原则

要想维持教育实践体系的高效运行,不仅要考虑各要素之间的相互作用,还应遵循一定的理论原则,具体如下。

(1)目标性原则

培养大学生的创新创业能力,是构建高校教育实践体系的最基本目标。培养同时具备扎实理论基础、较高创新素养、突出创业潜能的复合型人才,是构建教育实践体系的出发点。至于具体的人才培养目标,高校应根据本校的人才培养规模、专业学科特点及社会对人才的需求等进行针对性制定。

(2)系统性原则

教育实践体系的构建应根据高等教育的规律和人才培养的特点进行,通过运用系统科学的方法,来对各个实践环节做出统筹安排。时间上要保持连续性,对课时比例的分配要尽量合理,同时注意处理好理论教学与实践教学之间的关系,以保证整个教学过程的系统性。

(3)层次性原则

创新创业能力的提升是一个循序渐进的过程,因此,创新创业教育实践体系的构建也应遵循分阶段、分层次、逐渐深化的原则。具体来讲,即教育实践目标的制定要从易到难,教育实践环节的设置要由简到繁,教育实践方法的运用要由单一到综合。

(4)实践性原则

实践是检验真理的唯一标准。构建教育实践体系的目的之一就在于培养学生的实践能力,以实现学生的自主发展。在教育内容的选择上,应突出知识更新的要求,并以实践活动、实训活动为主要载体,可通过模拟真实环境的方式来开展教育实践活动。

(二)创新创业教育实践体系的目标导向

1.培养学生理论联系实际的能力

高校教育实践要求学生学会将理论知识与实践能力相结合,将课堂教育与社会实践相结合,这对其日后解决现实问题具有十分重要的意义。古往今来,"学以致用"一直都是人们获取知识并加以运用的目标之一,而加强教育实践则是推动这一目标实现的主要途径。教育实践能够培养学生运用知识、创造知识、发现问题、分析问题的能力,进而增强学生在创新创业过程中的应变性,以免创业活动的进程陷入僵局。

2.培养学生的创新实践能力

创新创业的核心在于"创新",创业是创新发展到一定阶段后的结果。实践能力是创新能力发展的基石,通过教育活动培养学生的创新实践能力,是符合现代教育要求和当代人才需求的。创新能力的培养不可能脱离实践,学生只有不断参加实践活动,才能形成牢固的创新意识,并在无形中提升自身的创新能力,从而获得全面发展。

(三)构建创新创业教育实践体系的困境

1.教育目标的片面性

人才培养是高校创新创业教育的核心目标,"培养什么样的人"和"怎样培养人"是在实现这一目标的过程中必须思考的两个问题。总的来讲,创新创业教育应包含技能性教育和价值观引领两个方面的内容,但就目前而言,多数高校只注重培养学生的实用性技能,却忽略了对学生的价值观塑造,导致教育目标呈现出片面化的特征。

2.教育实践缺乏整体推动

随着"双创"政策普及范围的逐渐扩大,越来越多的高校开始对创新创业教育实践体系的建设展开有益探索。以"创新创业"为主题的"第二课堂"、高等院校创业基地、创业孵化中心等载体的不断涌现,均为创业实践活动的开展提供了广阔的平台。

然而,创业实践活动如火如荼地开展也引发了一系列新的问题。例如,在某些高校,创新创业课程由相关学院负责,创新创业实践由学工部门牵头,创新创业竞赛则由团委、学生会组织。一方面,各部门各司其职,发挥着各自的优势;但另一方面,各部门之间的各自为政、缺乏协同,也在一定程度上造成了部门功能与任务的重复,进而导致人力资源的浪费。鉴于此,高校应重视加强创新创业教育实践的体系性与联动性。

3.课程建设不成体系

我国高校的创新创业教育经过多年实践,已探索出一条具有中国特色的发展道路,并收获了一定的成果。但在课程体系的建设方面,仍然存在一定的问题,具体表现在以下三个方面:第一,课程之间缺乏互补性与层次性,部分课程只注重理论知识的传授,而缺少实践体验的环节;第二,创业活动之间缺乏连续性,即赛前缺少系统规划,赛后缺乏持续关注;第三,创新创业课堂教学与创新创业实践活动之间的关联性整体偏弱。

4.服务平台能力薄弱

开展创新创业教育实践的最终目标是推动创业项目的落地,因此,创新创业教育不仅需要必要的教学条件作为保障,还需要大量创业服务平台的支持。然而,当前高校的创新创业教育服务平台的运作能力都极为有限,造成这一现象的原因主要包括以下两点。

(1)创业项目缺乏实践基础

校内创业活动的开展大多以创业大赛为主要形式,在这种"以赛代训"的背景下,学生所规划的创业项目并不具备十分坚实的实践基础,且由于缺乏资金支持、经验指导和技能辅导,创业项目往往还未进入实际操作阶段,就已显示出不可行性。

(2)创业项目的技术含量有限

大多数学生的创业项目并不具备充足的技术含量,换言之,具有较强的可复制性和可替代性,导致创业项目生命力不足。

(四)创新创业教育实践体系的构建策略

1.构建以学生需求为导向的目标体系

作为一项用于培养学生创新精神和创业能力的系统性工程,创新创业教育实践体系的目标应根据高校人才培养目标和大学生的实际需求来制定。具体来讲,目标体系的构建应分为两个层面:一是面向全体学生的共性层面,这一层面的目标应为培养学生的创业意识、创业精神、创业能力等;二是面向具有强烈创业意愿的学生的个性层面,这一层面的目标应为提升学生决断的自主性、思考的独立性、管理的科学性、对市场的敏锐性等。

2.构建以资源整合为导向的组织环境体系

创新创业教育的组织环境是指包括创业社团、创业实践载体、创业实践平台、创业竞赛组织等实践资源在内的,具有浓厚的创新创业教育氛围的组织环境体系。加强对组织环境体系的构建,有助于有效解决实践载体繁杂和实践体系零散之间的矛盾。

高校应以资源整合为导向,通过多项举措来构建良好有序的创新创业教育组织环境体系,具体可从以下几个方面着手:第一,建立统一的创新创业教育领导机构,由其负责顶层设计和宏观规划,并统筹安排校内的创新创业教育资源;第二,打破各部门之间各自为政的局面,整合优秀的教育资源,并提供机制和政策层面的保障;第三,加强对校内创新创业教育实践基地的建设。

3.构建以技术引领为导向的实践支撑体系

创新创业教育应将技术作为方向引领,通过建立一套完整的"产—学—研"联合教育体系,来推动创业实践走向社会、走进市场。创新创业教育的发展不仅要依托校内资源,实现科研成果、创业成果与市场需求的融合,还要以更加丰富的社会资源为保障,尽可能争取政府、企业对创新创业教育的支持。高校应积极开展与当地高新技术产业园等机构的实质性合作,使学生能够获得免费的创业活动场地,从而推动创新创业实践体系完整架构的形成。

4.构建专业教育与创新创业教育相融合的课程体系

将专业教育与创新创业教育相融合,有助于实现"1+1>2"的效果。一方面,专业教育为创新创业教育提供了思想理论、观念、技能、能力等方面的指导;另一方面,创新创业教育为专业教育提供了素材与内容,同时也对其所提供的指导进行了检验。促进两者的相互融合,使创新创业教育贯穿于人才培养的全过程,不仅发挥了专业教育的知识优势,还体现了创新创业教育的实训优势。构建包括学科课程、通识课程、活动课程、实践课程等在内的创新创业教育课程体系,能够为学生提供其在创业过程中必要的理论知识,从而使其获得科学性指导,少走弯路。

第四章　大学生创业的法律实务

大学生创业法律实务是大学生创业的法律指南,本章从大学生创业的法律实务角度入手,先介绍了大学生创业相关的法律法规和政策;而后指出了大学生知法、懂法的重要性及对大学生创业法律问题进行研究的必要性;随后介绍了大学生法律素质培养的内涵及内容;最后指明了大学生在创业过程中规避和降低法律风险的方法。

第一节　大学生创业相关的法律法规及政策解读

大学生在创业前有必要对创业相关的法律法规及政策进行了解,以便更好地开展创业活动。本节重点介绍了大学生创业相关的法律法规及各项政策,并对这些法律法规和政策展开了分析和解读。

一、大学生创业相关的法律法规

创业不仅是大学生事业的开端,同时也是一种法律行为,一旦创业开始,就意味着大学生要面对各种各样的法律问题。熟知创业相关的法律法规,学会运用法律来协助创业,是一个大学生顺利开展事业的必备条件。下面将具体介绍与企业注册登记、企业经营管理、创办企业和特定行业管理等有关的法律法规、条例制度,以及一些其他相关规定。

(一)企业注册登记的相关法律法规

1.企业登记负责部门

《中华人民共和国公司登记管理条例(2016修订)》中,对企业登记负责部门进行了规定,即国家市场监督管理总局负责各类企业的登记,具体的登记管辖由国家市场监督管理总局、省、自治区、直辖市工商行政管理机关、设区的市(地区)工商行政管理机关、县工商行政管理机关负责。

2.企业设立程序中的法律法规

(1)企业名称预选核准登记

《中华人民共和国公司登记管理条例(2016修订)》的第十七到十九条对企业名称预选核准登记进行了规定,具体为设立公司应当申请名称预先核准;设立有限责任公司,应当由全体股东指定的代表或者共同委托的代理人向公司登记机关申请名称预先核准;设立股份有限公司,应当由全体发起人指定的代表或者共同委托的代理人向公司登记机关申请名称预先核准;预先核准的公司名称保留期为6个月。预先核准的公司名称在保留期内,不得用于从事经营活动,不得转让。

(2)前置审批

前置审批是指企业从事经营的是涉及法律法规的特殊商品、项目,需在企业申请登记前依照法律、行政法规规定履行一定的审批手续。如图4-1所示的企业均须进行前置审批,以获得经营许可。

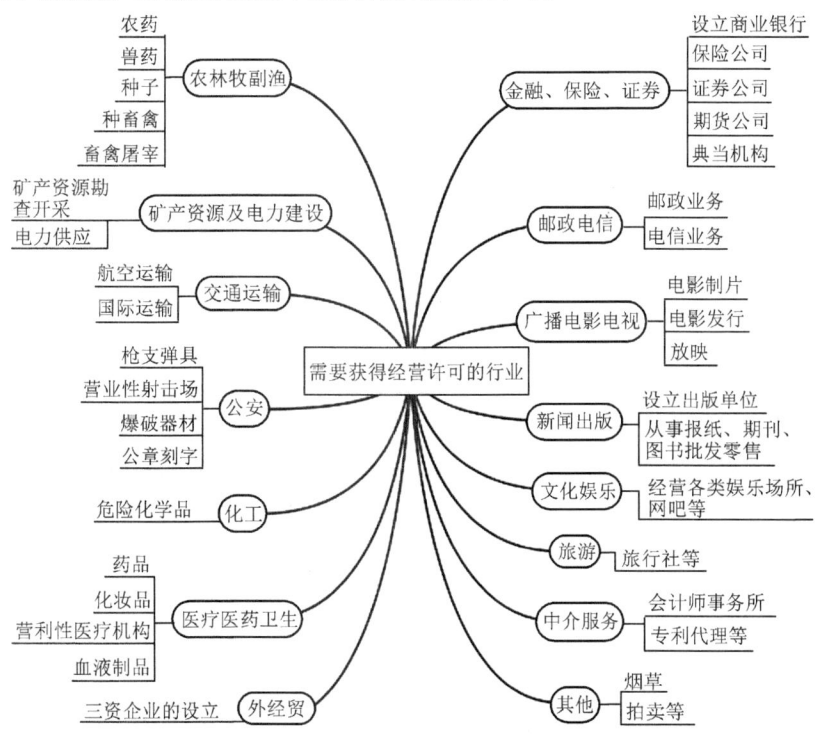

图4-1 需要前置审批的行业列举

(3)设立登记申请、工商行政管理机关审查、受理及决定

《中华人民共和国公司登记管理条例(2016修订)》的第八章规定,申请公司、分公司登记,申请人可以到公司登记机关提交申请,也可以通过信函、电报、电传、传真、电子数据交换和电子邮件等方式提出申请。通过电报、电传、传真、电子数据交换和电子邮件等方式提出申请的,应当提供申请人的联系方式以及通讯地址。公司登记机关对通过信函、电报、电传、传真、电子数据交换和电子邮件等方式提出申请的,应当自收到申请文件、材料之日起5日内作出是否受理的决定。公司登记机关决定予以受理的,应当出具《受理通知书》;决定不予受理的,应当出具《不予受理通知书》,说明不予受理的理由,并告知申请人享有依法申请行政复议或者提起行政诉讼的权利。

(4)营业执照

营业执照即由企业登记机关代表国家核发给企业的,允许企业经营的凭证。企业在拿到营业执照后即被认为拿到了合法经营权,营业执照签发之日就是企业成立的日期。

营业执照包括两类,一类为《企业法人营业执照》,是取得企业法人资格的合法凭证,有限公司需有此类营业执照;另一类为《营业执照》,是合法经营权的凭证,个人独资企业、不具备法人资格的合伙企业需有此类营业执照。

根据《中华人民共和国公司登记管理条例(2016修订)》规定,公司登记机关已准予设立登记的企业,应出具《准予设立登记通知书》,并在准予设立之日起10日内领取营业执照。

(二)企业经营管理的相关法律法规

企业的经营管理必须严格遵守相关的法律法规,包括《中华人民共和国公司法》《中华人民共和国反垄断法》《中华人民共和国反不正当竞争法》《中华人民共和国消费者权益保护法》等。大学生在获得企业的经营许可后,必须按照这些法律法规的规定经营和管理公司,这样才能使公司获得长久发展。

(三)创办企业和特定行业管理的相关条例与许可证制度

许可证制度是指凡是对环境有影响的开发、建设、排污活动及各种设施的建立和经营,相关经营者都须向主管机关提出申请,经批准获得许可证后才能进行相关活动。许可证制度是国家为加强环境管理而制定一种行政管理制度,主要包含开发许可证、排污许可证、规划许可证、生产销售许可

证等。

除此之外,根据《规划环境影响评价条例(国务院令第559号)》,国务院有关部门、设区的市级以上地方人民政府及其有关部门,对其组织编制的土地利用规划和区域、流域、海域的建设、开发利用规划(以下称综合性规划),以及工业、农业、畜牧业、林业、能源、水利、交通、城市建设、旅游、自然资源开发等有关的专项规划(以下称专项规划),应当进行环境影响评价。

二、大学生创业相关的政策解读

大学生除了要了解与创业相关的法律法规外,还应对创业相关政策进行了解,尤其是一些优惠和扶持政策,有利于减轻创业过程中的压力。

(一)支持和鼓励新办企业、高新技术企业及第三产业的优惠政策

国家为了支持和鼓励新办企业、高新技术企业及第三产业的发展,从以下几个方面给予了优惠政策。

①经国务院批准的、高新产业开发区内的企业,以及有关部门认定为高新技术企业的企业,可按15%的生产率征收所得税。

②经国务院批准的、高新技术主业内新办的高新技术企业,自投产年度起免征所得税2年。

③第一年免征所得税,第二年减半征收所得税的企业:新办的、独立核算的、从事咨询业、信息业、技术服务业的企业或经营单位;新办的、从事交通运输业、邮电通信业的企业或经营单位。

④可减征或免征所得税1年的企业:新办的、独立核算的、从事公用事业、商业、物资业、对外贸易业、旅游业、仓储业、居民服务业的企业或经营单位。

(二)国家出台的大学生创业扶持政策

为了鼓励大学生创业,自2002年起,国家就出台了一系列扶持大学生创业的优惠政策,具体如下。

①行政事业性收费减免:大学生从事个体经营,可以免交工商登记费等行政事业性费用,具体包含如图4-2所示的费用。

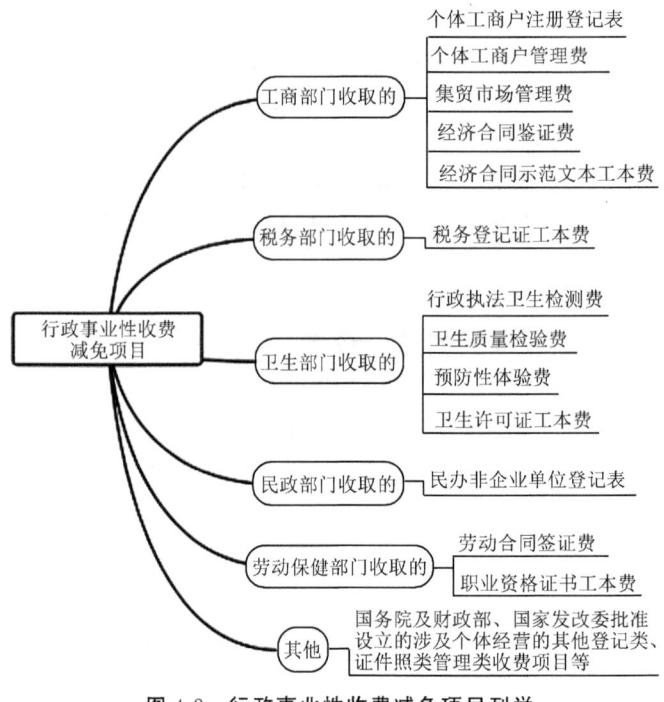

图 4-2 行政事业性收费减免项目列举

②提供政策性贷款支持：大学生创业申请小额担保贷款，贷款利息可获财政补贴。

③提供创业培训服务：各地方政府设立创业见习基地，提供创业咨询、创业培训等服务，为有意创业的大学生提供方便。

④落户政策：部分地区允许符合条件的创业大学生在当地落户。

⑤资助政策：部分地区对创业大学生提供资金资助。

⑥税收优惠：各地对创业大学生免征或少征企业所得税，具体扶持政策由当地政府部门制定。

（三）其他与大学生创业相关的政策

除上述直接支持大学生创业的优惠政策外，国家还出台了以下政策来从侧面支持大学生创业。

①加大财政和信贷资金对中小企业的支持。

②鼓励中小企业进行技术创新和新产品开发。

③支持中小企业参与开拓国际市场。

④优先安排中小企业的服务和产品参与政府采购。

⑤集中社会各方力量为中小企业的发展提供服务。

第二节　大学生知法、懂法的重要意义

知法、懂法是当今社会对大学生提出的新要求,尤其是对那些有意进行创业的大学生,知法、懂法是其必备的素质。本节将具体讲述大学生知法、懂法的目的,并分析大学生知法、懂法的意义。

一、大学生知法、懂法的目的

日常生活中,每个人都需要知法、懂法,这样才能用法律来指导我们的日常活动,也才能用法律进行自我保护和权益维护。大学生是社会的一分子,也是促进社会发展的中坚力量,其学法、知法、懂法的目的与普通群众相同,就是为了更好地进行社会活动。而有意向创业的大学生,其知法、懂法的目的则更加明确,即运用法律来指导创业,既保障自己的合法权益不受侵害,同时也确保自己不会在无意中侵害他人的合法权益。下面这个例子就对大学生知法、懂法的目的进行了很好地说明。

案例:大学生王某毕业后成为某服装品牌的代理,开始自己的创业生涯。在一次生意中,王某约定给客户价值3 000元的货物,但由于法律知识的匮乏,其只与对方草率地签订了合同,就让对方拿走了货物,且此时客户并未结款。之后该客户销声匿迹,王某前往客户宣称的所在地S市,拿着合同请求当地派出所帮忙查找该客户的信息,但派出所看过他的合同后,表示该合同的基本信息违反了国家的强制性规定,不能作为法律凭证,需要再出示正式的律师函才能由派出所辅助调查,于是王某只好作罢,白白损失了3 000元。

该案例中,大学生王某对创业相关的法律知之甚少,没有很好地利用法律来指导自身的创业活动,最终导致了自身的财产损失。创业是一项风险系数较高的社会活动,大学生若不懂法律可能会使自身陷入"泥潭",最终导致创业失败,甚至还会因触犯法律而被判刑。

二、大学生知法、懂法的重要意义

(一)知法、懂法是大学生综合素质的重要组成部分

长期以来,我国高等教育过于强调学生的专业素质,导致大学生的素质发展不够平衡,尤其是法律素养较为匮乏。真正知法、懂法的学生,只占大学生群体的很小一部分。近年来,大学生犯罪现象日益严重,还有一些创业的大学生因缺乏法律知识而损失惨重,最终导致创业的失败。因此,有必要对大学生进行法律教育,使知法、懂法成为大学生综合素质的重要组成部分。

(二)知法、懂法是大学生自律的必备素质

进入大学后,大学生逐渐摆脱了家长和老师的保护和管束,要开始学会进行自我管理和约束,即由他律转变为自律。知法、懂法有助于增强大学生的自律意识,指导大学生的日常行为和活动,以免其因触犯法律而受到惩罚。由此可见,知法、懂法是大学生自律的必备素质。

(三)知法、懂法是大学生自我保护的必备素质

知法、懂法不仅是大学生自律的必备素质,也是大学生自我保护的必备素质。从进入大学到走入社会,大学生不仅要时刻注意自身是否有触犯法律的行为,还要时刻注意自己的合法权益是否被他人侵害。法律是保护国家、社会、人民利益的重要工具,大学生应该学会运用法律武器来进行自我保护。

(四)知法、懂法是大学生创业的必备素质

大学生创业会面临非常多的法律问题,因此,知法、懂法是大学生创业的必备素质。一方面,大学生要了解创业过程会涉及哪些法律,有针对性地去了解和学习相关法律,避免创业过程中可能出现的触及法律的情况。另一方面,大学生在创业过程中也要学会运用法律来维护自身的合法权益,当有侵权事件发生时,知法、懂法能够帮助其拿起法律武器来保护自己,以尽量减少损失。

第三节 大学生创业法律问题研究的必要性

大学生创业的法律问题是当前各高校普遍重视的一个研究课题。鼓励大学生创业能够增强其个人潜力，并且最终增加市场经济的活力。但大学生在创业过程中会遇到一系列的法律问题甚至是法律风险，若不能及时找到解决问题的方法来有效避免法律风险，就会大大削弱大学生创业的积极性。下面将从四个方面讲述研究大学生创业法律问题的必要性。

一、实现全面依法治国战略布局的需要

习近平同志在十九大报告中强调，依法治国是党领导人民治理国家的基本方式，全面依法治国是国家治理的一场深刻革命，是中国特色社会主义的本质要求和重要保障。高校大学生创业过程中的法律教育对于社会主义法治建设至关重要，当代大学生是全面建成小康社会、实现中华民族伟大复兴的中国梦的中坚力量，因此更要重视对其进行法律教育，确保其能够依法创业。研究大学生在创业过程中的法律问题，是全面推进依法治国战略布局的内在要求。

二、高校培养创新创业人才的需要

在当今经济全球化的发展背景下，人才是实现民族振兴、赢得国际竞争主动地位的第一资源。我国高校毕业生受一些传统思想的影响，在毕业后更倾向于找一份稳定的工作，如成为一名公务员、入职国企等大型企业等，这就导致我国创业人才的数量相形见绌。这种社会现象加大了高校毕业生的就业压力，降低了大学生的整体就业率，十分不利于激发个人潜能和市场经济的活力。因此，国务院办公厅在《关于深化高校创新创业教育改革的有关实施意见》中指出：要加强对创新创业教育课程体系的建设，高校要开设相关的创业教育课程，加强对大学生创业法律意识的教育，培养大学生的创业法治思维，使其做到依法创业，真正发挥创业法律教育的作用。开展高校大学生创业法律研究有助于培养创新创业人才，提高我国的经济竞争力和文化软实力，对建设人才强国具有重要意义。

三、降低高校大学生创业法律风险的需要

高校大学生在创业过程中会遇到各种各样的法律风险,如融资法律风险、行政法律风险、合同法律风险、劳资法律风险、不正当竞争法律风险等。大学生若不能及时避免上述法律风险,可能会导致其整个创业项目的失败,甚至因不懂法而入狱。以最常见的合同法律风险为例,部分高校大学生创业者由于缺乏法律知识和法律意识,而并未意识到所签订的项目合作协议和大额交易合同中,存在对己方极其不利的条款约定,导致自身蒙受经济和商业信誉的双重损失。因此,大学生只有了解创业过程中的相关法律知识,准确把握法律风险,才能规范商业交易行为,提高创业成功率。

四、培养法律思维,提高维权意识的需要

依法治国方针自提出以来,取得了一定的成效,但我国公民仍普遍存在缺乏法律思维、法律意识淡薄、"重人情、轻规则"等问题。高校创业者在短时期内同样无法摆脱这种历史因素的影响。随着我国社会主义市场经济改革和法治社会建设程度的加深,大部分经济活动都要受到法律的约束和管理,运用法律思维来进行经济建设变得越来越重要。在大学生创业实践过程中,许多创业者由于缺乏法律思维和意识,在遇到问题时经常做无用功,导致纠纷长时间无法得到解决,甚至最终可能超过诉讼时效,进而丧失胜诉权,失去了保护合法权益的最后一道防线。因此,研究高校大学生创业过程中的法律问题,有助于培养创业者的法律思维,提高其维权意识,帮助其积极寻求诉讼或仲裁等法律途径来解决问题,维护合法权益。

第四节 大学生创业法律素质培养

大学生法律素质的培养并不是一蹴而就的,而是一个十分复杂且需要各方长期努力的过程。本节将以大学生创业法律素质的培养为重点,先对大学生的法律素质进行整体概述,再在此基础上,介绍大学生创业法律素质培养的内涵,并对大学生法律素质培养的内容进行具体阐述。

第四章 大学生创业的法律实务

一、大学生法律素质概述

法律素质作为品德素质的组成要素之一,是大学生综合素质中的一项重要内容。作为大学生成长过程中的必备因素,法律素质由法律知识、法律意识、法律能力构成,其中任何一个因素的缺失都会造成大学生法律素质的不健全[7]。大学生法律素质的高低不仅关系到大学生个体的前途与未来,也会对国家能否实现长治久安产生影响。因此,高校必须重视对大学生法律素质的培养。

(一)大学生法律素质的内涵

任何一种素质都应该包含三个方面的内容,即知识、观念(或意识)和能力。法律素质作为一种非先天所有、只能依靠后天习得的素质,其本质是用来调节人与人之间的关系、人与社会之间的关系的一种特殊的社会规范。大学生的法律素质,即大学生这一群体通过一定的学习或社会实践,而获得的法律知识、法律意识和法律能力。

(二)大学生法律素质的构成

1.法律知识

法律知识是对人们在学习过程或社会实践中所获得的有关法律的认识和经验的总称,可分为基本法律知识和专业法律知识。

基本法律知识是指普通社会公民均应具备的法律常识,包括一般性的法律基本理论和我国的部门法知识。法律基本理论的主要内容有法律的本质与特征、法律的价值与作用、法律规范与法律关系、法律的运行、法律责任与法律制裁等。部门法知识包括宪法、民法、刑法、行政法、民事诉讼法等。

专业法律知识则是指与大学生所学专业密切相关的法律知识。

2.法律意识

法律意识是对大学生对于法律制度和法治理论的心理反应、情感思想、评价的总称。法律意识主要由三个渐进的层级构成,即法律心理、法律观念、法律信仰。三者贯穿于法律意识逐渐理论化、稳定化的过程中,并形成了由表及里、从感性到理性的层次结构。

(1)法律心理

法律心理是指大学生基于现代社会环境,对法律和法律现象所产生的直接的心理反应、感受、体验等。法律心理作为一种感性认识,具有直观而不片面、具体而不盲目的特点。

(2)法律观念

法律观念是指大学生基于自己对法律的理解,而形成的意向和决策思想,是一种稳定的法律意识定势。法律观念位于法律意识形成的中间阶段,在法律心理向法律信仰的转化过程中起着过渡作用。

(3)法律信仰

法律信仰是指大学生在对法律进行认知、理解、评价的基础上,对法律所产生的尊崇感与信任感。法律信仰源于人类对社会生活的理性选择与科学分析,是在理性思维活动中形成的智慧结晶,也是人类用于把握社会现象的特殊方式。拥有法律信仰的人会时刻将法律作为自己的行为准则。

3.法律能力

法律能力又称用法能力,是指在长期的法律知识学习过程中,人们形成的法律实践能力,具体表现在学法、知法、守法、依法办事、与违法行为作斗争等方面。大学生的法律能力主要包括以下内容。

(1)预见能力

预见能力是指人们对于自身行为可能产生的法律后果所具备的预测能力。预见能力的作用在于帮助人们更加合理地运用法律来约束自己,避免违法犯罪行为的产生,使自己始终处于有理、有利的地位。

(2)决策能力

决策能力是指大学生对个人、集体、国家的行为目标与行动方式作出选择的能力。决策能力的运用必须依法进行,以维护国家利益和社会利益为前提,而不能由个人好恶决定。大学生的决策能力要求大学生在日常生活中对自己的行为作出合法选择。

(3)表达能力

表达能力包括语言表达能力和文字表达能力。具体而言,是指大学生在处理一些涉法事件时所具备的完整、真实地表达自己观点的能力,以及根据法律规定和事实依据,准确、凝练地阐明自己的意见和建议的能力。

(4)守法能力

遵纪守法是每一个人都应严格遵守的要求。培养学生的守法能力,旨在敦促学生牢固树立依法办事、遵纪守法的观念和意识。

(5)用法能力

用法能力即依法维权的能力。当自己或他人的合法权益受到侵害时，用法能力能够帮助大学生通过合法有效的途径，运用法律武器来保障集体或个人的合法权益。

(6)护法能力

护法能力是对大学生法律能力提出的最高要求。大学生在日常生活中，不仅要知法、懂法、善于用法，还要勇于同一切违法行为作斗争，积极主动地维护法律的尊严。

(三)培养大学生法律素质的意义

在法治社会中，每一位社会成员都应当学法、知法、懂法、守法，严格遵守法律规定来开展生产活动。而大学生作为国家未来的栋梁之才，培养其法律素质对于维护国家长治久安、实现依法治国、建设社会主义法治国家等，更是具有重要意义。

1.法律素质是大学生综合素质的重要组成部分

就目前而言，我国高校的教育内容仍然存在一定的局限性，即过分注重对专业素质的培养，却忽略了对类似法律素质等"大众化素质"的培养，导致很多学生直至大学毕业，仍对法律常识一无所知。近年来，大学生犯罪率的居高不下与高校教育的这种局限性不无关系，因此，高校必须重视培养大学生的法律素质，要将法律素质变为综合素质的重要组成部分，使每一位大学生都能成为系统接受过法律教育的人。

2.法律素质是大学生行为自律的必备素质

大学阶段的教育管理方式与中小学阶段相比，还是存在较大差异的。大学阶段更加强调学生的自律，即自己管理自己、自己约束自己。大学生的成长过程离不开他律，但随着年龄的增长，每个人也都应该逐渐学会自律。法律能力兼具自律和他律的作用，有利于学生心理品质的完善和健全人格的形成，帮助学生积极、健康地成长。

3.法律素质是大学生自我保护的必备素质

在成长过程中，大学生既要避免自己走上违法犯罪的道路，也要学会运用法律武器来维护自身的合法权益。法律是用来保护国家、社会、人民利益的重要工具，但在大多数情况下，法律对合法权益的保护需要受害者主动寻求，即法律机关并不会主动追究侵害者的法律责任。这就要求大学生具备敏锐的法律意识,同时掌握一定的法律知识,能够将法律知识应用到自我保护的实践当中。

4.法律素质是确保大学生顺利发展的必备素质

法律素质不仅关乎大学生的在校成长,对大学生走向社会后的意义更加深远,是保证大学生事业成功、生活顺利的基本条件。

一方面,法律素质能够帮助大学生顺利地参与政治、经济生活。大学生是促进社会发展的中坚力量,以主人翁的姿态参与到社会活动中是这一群体的使命和责任。而大学生只有具备了较高的法律素质,才能依法从事社会活动,并妥善处理相关事务。

另一方面,法律素质是大学生适应时代要求的必备素质。社会主义市场经济的本质是法治经济,尤其是随着经济一体化趋势的不断深入,国际间的经贸合作、文化交流都日趋频繁,如果大学生对国际经济法等法律不够了解,就无法成为能够维护国家主权和本国合法经济利益的现代化人才,也就很难走上更加广阔的发展平台。

二、大学生创业法律素质培养的内涵

大学生创业法律素质培养是指将素质教育理念融于创业法律教育中,以提高大学生的法律素质,为其创业奠定良好的法律基础,最终使大学生能在创业实践中,学会运用法律来进行自律和保护自己的合法权益。

大学生创业法律素质培养旨在通过对学生进行创业法律素质的教育和培养,使大学生成为法治社会的合格公民,以满足创业对个体综合素质的要求。大学生应首先做一名合格的公民,其次成为一个高素质的人才,最终满足创业对个体素质的要求。

大学生创业法律素质培养的过程就是培养大学生对创业法的知、情、意、信、行的过程,最终使现代法治精神内化为大学生的法律信仰;使法律规范成为大学生内心的标尺,以此约束自身的创业行为,自觉守法、遵法,促进创业的成功。

三、大学生创业法律素质培养的内容

无论对学生进行何种素质的培养,都需要遵循素质教育的核心内容,即促进学生身心的发展和人类文化向学生心理品质的内化,从而使学生在日常生活中形成稳定的行为方式。大学生创业法律素质的培养也不例外,在对大学生进行创业法律素质培养的过程中,应处理好知识、能力和素质三要素的关系,既要使它们相互独立,而不是互相取代,又要使它们彼此之间存在一定的联系,相辅相成、相互促进。

由大学生创业法律素质培养的内涵可知,大学生创业法律素质培养不同于专业的法律教育,但也不等于大学生课堂法制教育。它不是对创业法律知识的简单传授,而是首先要培养大学生的创业法律意识,使其形成一定的法律信仰;然后向大学生传授创业相关的法律知识,增加其对创业法律科学的系统认知;此外还要注重培养其运用法律的能力,在创业过程中既可以以法律为量尺来约束自己,也可以以法律为武器来保护自己,实现创业法律知识、能力、素质三者的有机统一。大学生创业法律素质培养的具体内容包括以下几个方面。

(一)以法律知识为基础

创业法律知识是构成大学生创业法律素质的基础,也是衡量大学生创业法律素质高低的标尺。一个创业法律知识丰富的大学生,其创业法律素质一定不会太差。创业法律知识包括基础法律知识和创业相关的专业法律知识,其中,基础法律知识是指一个合格公民必须掌握的法律知识,即法律的一般理论知识和我国主要部门法的知识,如我国的基本法《中华人民共和国宪法》的相关知识;创业专业法律知识是指创业过程中会涉及的法律知识。一名创业者只有掌握足够丰富的法律知识,才能以此指导创业实践过程,促使创业走向成功。

(二)以法律意识为核心

素质教育的根本价值在于促使人进行自我完善,即形成正确的意识,以满足社会发展的需要,因此,大学生创业法律素质的培养要以法律意识为核心。大学生创业法律意识的内涵包含以下几个方面的内容:平等意识、权利与义务的统一、法律至上、程序公正等。

(三)以法律信仰为落脚点

信仰是意识的最高形式,是人类永恒的本质,也是指导人类行为的力量源泉。因此,为了更好地提高大学生创业法律素质,一定要将培养大学生的法律信仰作为落脚点。法律信仰的本质是一种主体对法律的心理状态,具有法律信仰的人能够对法律秉持强烈的信念和信服心理,从而由内而外地在行为中体现对法律的服从。法律之所以能够被当成信仰,是出于以下两点原因:一是法的权威性;二是法给予主体的利益功能,即主体对法存在利益感受。

在大学生创业法律素质培养的过程中,以法律信仰为落脚点要求通过对大学生进行创业法律知识的传授,在大学生参与创业实践的过程中,增强其法律利益感受,最终提升其对法律价值的认同,自觉地形成法律行为习惯。

(四)以提高用法能力为重点

用法能力是指大学生将所学法律知识运用到日常实践中,从而使自身的行为得到规范和指导、自身的合法权益得到保护、能够利用法律武器来追究违法行为、解决矛盾和冲突的能力。

在对大学生进行创业法律素质的培养时,不能只注重创业法律知识的培养,还应注重锻炼学生的用法能力,促使其将学到的法律知识转化为用法能力。

第五节 创业过程中规避和降低法律风险的方法

创业过程是一个非常复杂的过程,其涉及经济活动、行政活动等社会活动,无论哪项活动都具有一定的法律风险。因此,大学生在创业过程中应及时识别法律风险,尽可能规避或降低法律风险,从而提升创业的成功率。本节主要介绍了几种创业过程中规避和降低法律风险的方法,以帮助大学生更好地创业,最终促进社会的整体发展。

一、创业中法律风险的识别

创业过程中存在的法律风险种类有很多,若能对其进行及时的识别,就能更有针对性地找寻规避和降低法律风险的方法,从而有效避免不必要的损失,提升创业成功率。要想对创业过程中的法律风险进行有效识别,就要首先了解创业中法律风险的特征,而后根据法律风险的识别原则来识别法律风险。下面将对此进行具体介绍。

(一)创业中法律风险的特征

1.客观必然性

风险从本质上来讲是不以人的意志为转移的,创业中的法律风险作为风险的一种,同样也是客观存在、不以人的意志为转移的,其具有客观必然性。虽然创业中的法律风险具有客观必然性,但其只会在未来产生结果,人们可以根据自身所掌握的法律知识或规律来对风险做出主观判断,换句话说,创业者对创业过程中的法律风险具有主观能动性。

2.不确定性

虽然风险具有客观必然性,但其发生的时间、场景,以及如何发生、是否发生、可能造成的后果等问题都是不确定的,这就决定了风险具有不确定性。创业过程中的法律风险的发生同样具有不确定性,这是因为创业过程是一个十分复杂的过程,其中任一事件的发生均具有随机性。

3.可度量性

虽然创业过程中法律风险的出现具有不确定性,但随着人们对创业过程的熟悉、对法律知识的掌握及各项素质的提升,创业过程中可能会出现的法律风险都是有迹可循的。人们可以对以往的经验进行总结,对创业过程中的不同法律风险进行度量,以实现风险管理。

4.转移性

随着人们对创业过程中法律风险的管控和诱发风险的客观因素的改变,一种法律风险很有可能会转化为另一种法律风险。创业过程中法律风险的转移性主要体现在以下几个方面。

第一,风险性质的转移。例如,法律风险可能会转化为经济风险。

第二,风险承担者的转移。由于风险管理的实施,风险可能会从一部分人身上转移到另一部分人身上。

第三,风险形态的转移。消除风险与制造风险几乎是同步发生的,在一些风险得到控制的同时,一些新的风险却有可能紧随其后。

(二)创业中法律风险的识别原则

基于创业过程中法律风险的特征,创业者在对其进行识别时,应遵循以下原则。

1.系统性原则

系统性原则要求创业者在进行法律风险识别时,要将创业过程中的所有事项视为一个系统,以系统法律风险最小化为准则。创业过程会包含各种相互联系的事项,每个小事项都可被看作是一个小系统,而这些小系统又共同组成了一个整体的大系统,不同系统中的法律风险是可以互相传递和影响的。基于此,在创业过程中进行法律风险识别时,要对各个子系统中的法律风险进行识别,并放到大系统中进行权衡,从宏观层面把握整个系统风险,尽量将系统风险降至最小。

2.谨慎性原则

谨慎性原则要求创业者在进行法律风险识别时,谨慎对待每一个可能会诱发风险的因素或对象,不随意排除风险源。正所谓"失之毫厘,谬以千里",一些失败和损失往往就是由那些看似微不足道的小因素引起的。

3.动态性原则

动态性原则要求创业者在进行法律风险识别时,用发展的、动态的眼光来识别和看待可能会遇到的法律风险。这是由于风险具有动态发展性,不同时期面临的法律风险可能都不一致。因此,创业者应以敏锐、专业、动态、发展的眼光看待创业过程中的法律风险,在不同时期对原先的风险源进行重新审视,始终保持风险识别的动态性和发展性。

4.全程性原则

全程性原则要求创业者对法律风险的识别要贯穿全过程,从前期准备到后期的经营管理,均需要对可能存在的法律风险进行识别。创业是一项十分复杂的活动,涉及非常多的流程,并且每个流程之间都是互相联系的,前一个流程的风险若被忽视,很可能会造成后一个流程无法继续。因此,要在创业全过程中进行法律风险识别,从而使整个创业过程得到有效管控。

5.全员性原则

全员性原则是指法律风险的识别不能仅靠某个人或某几个人的力量,而要依靠所有参与创业活动的人员的力量。创业过程中的法律风险具有不确定性,它可以在任何时间、以任何方式发生,因此只有依靠全员的力量,才能更加有效地识别风险源,从而避免违法行为或严重损失的事件发生。

二、企业设立中的法律风险及其防范方法

企业设立过程中涉及的流程很多,因此会面临较大的法律风险,下面列举三项在企业设立过程中可能会出现的法律风险及其防范方法。

(一)企业章程的法律风险及其防范方法

企业章程在公司中的地位犹如《中华人民共和国宪法》在我国的地位,其是企业的章程性规定,是企业自治的规则。企业章程一般会对公司、董事、股东、高级管理人员等产生强大的约束作用。在创业实践中,设立企业章程时可能会遇到的法律风险有以下几条。

①章程的可操作性较弱。在制定企业章程时,部分制定者只是按照优秀模板来制定章程,没有考虑自身的实际情况,或是对一些具体的重要事项没有详细的规定,不具有法律效力。当企业出现运转问题时,仍没有可参照的处置条例,最终导致制定出来的章程徒有其表,被束之高阁。

②章程中的某些条款不符合《中华人民共和国公司法》的精神。若企业章程并未对董事、监事和经理的诚信义务做出特别强调,又或者未对企业管理层的权力边界进行明确、清晰的界定,那么企业之后的运转仍有可能无法正常进行,企业章程也将失去其存在的意义,无法发挥作用。

针对以上两种企业章程设立中可能会存在的法律风险,企业章程的制定者应从以下四个方面着手,做好法律风险的防范。

①确定企业组织和活动的基本准则。企业章程在制定时应明确说明股东会议的议事方式和表决程序,董事长、副董事长、总经理、监事的产生办法,董事会的议事方式和表决程序等具体细则,尽量避免企业陷入无章可循的被动局面。

②明确企业股权的转让操作方式。规定此项内容是为了避免股东之间产生纠纷。企业章程中应详细规定股东能否自由地向股东之外的人转让股权,并需要对具体的操作程序进行详细说明。

③明确股东大会的决议事项。企业章程对股东大会决议事项的规定应尽可能地进行详细说明,避免出现模糊的字样。例如,明确规定发行公司债权是否需要股东大会做出特别决议,解除任职中的董事职务所需的条件等。

④明确股东会和董事会的关系。企业章程要对股东会和董事会的具体工作职责进行明确,并且对两者的权利与义务进行划分。除此之外,还要明确经营方针、投资计划等内容。

(二)虚假出资的法律风险及其防范方法

虚假出资是指投资者通过虚假验资、虚报注册资本等方式,来注册公司或进行融资的行为,这均会引发法律风险。若由于投资者资金不足而给其他投资者或第三方造成损失,该投资者须承担民事赔偿责任。《中华人民共和国刑法》规定,通过虚报注册资本而取得公司设立登记的,情节严重者最高可被判三年有期徒刑,同时须缴纳注册资金百分之五的罚金。

因此,为了避免虚假出资引起的法律风险,投资者不应采取此种方式来设立公司,这样就可完全避免由该风险源引起的法律风险。

(三)企业设立协议中的法律风险及其防范方法

企业设立协议是指创始人在公司设立过程中,为明确各位参与者的权利和义务而签署的协议。在企业设立协议的过程中,可能会出现的法律风险及其防范措施如下。

1.缺少书面设立协议或约定不当

企业缺少书面设立协议或协议中对某些事项约定不当均会产生一定的法律风险。例如,若企业设立协议中没有明确规定股东的权利与义务,那么一旦企业在运转过程中出现问题,各股东之间的责任就无法划分,继而各股东之间就会产生纠纷。除此之外,若公司设立协议中约定的事项违法,那么该条款就是无效的,甚至会影响公司的成立。缺少书面设立协议或约定不当引起的法律风险通常具有连锁性,并且其对公司产生的影响可能会在公司成立之后的一段时间后才显现。

为了避免此风险源引起的法律风险,公司在设立协议时有必要请专业的法律机构或专业的法务人员帮忙设立协议,从而有效避免其中的法律风险。

2.设立协议中保密条款缺失

对一个企业来说,核心技术或服务是立足之本,因此对其进行保密是重中之重。若一个企业的特定专利技术或特殊经营方式、服务理念被他人恶意利用,那么这个企业的运行就会受到严重的负面影响。因此,企业有必要在设立协议中纳入恰当的保密条款,从而避免或降低由此引发的法律风险。

在设立协议中,一方面要避免股东利用职务之便损害企业的利益,盗取公司机密并卖与他人;另一方面还要避免股东利用企业的资源"另起炉灶",

从而与企业直接变为竞争对手。

3.股东之间约束机制条款缺失

若企业设立协议中缺失股东之间的约束机制条款,那么就有可能造成部分股东利用企业资源获得非法收益,或对企业资源进行滥用,从而损害企业的利益,引发法律风险。因此,在企业设立协议中应纳入恰当的股东之间的约束机制条款,如明确股东的竞业禁止义务等。

三、企业交易中的法律风险及其防范方法

企业交易过程中涉及的方面和事项同样很多,因此会面临较大的法律风险,下面重点列举两项企业交易中可能会出现的法律风险及其防范方法。

(一)合同签订过程中的法律风险及其防范方法

1.要约过程中的法律风险及其防范方法

要约过程中可能出现的法律风险及其防范方法具体如下。

(1)将要约误认为要约邀请

要约和要约邀请是两个不同的内容,要约具有法律效力,要约的内容决定了合同的主要内容,一旦交易方同意了要约内容,合同即成立;而要约邀请是指希望对方向自己发出要约的意向表示,不具有法律效力。

部分企业经常会在宣传或业务拓展时使用未更新的宣传册、报价单等书面材料,若这些书面材料中包含了确定的、完整的合同意向,一旦交易对方同意了这些内容,企业就必须按照这些内容来履行合同,否则就构成了违约。

因此,企业一定要注意辨别要约和要约邀请之间的差别,并且在对外发出要约或要约邀请时认真审查文件的内容。

(2)要约内容不当

要约的内容就是合同的主要内容,是具有法律效力的,若出现错误或歧义就会直接影响要约人的利益。因此在制定要约内容时,一定要谨慎认真,注意各条款的准确性。

(3)要约的撤回和撤销不当

要约在发出后,由于某些特殊的原因是可以撤回或撤销的,法律也对要约的撤回和撤销做出了明确的规定。因此,企业若想对发出的要约进行撤回或撤销处理,就必须遵守相应的法律,在规定时间内撤回或撤销,否则就

会产生法律风险或损害要约双方的利益。

2.承诺过程中的法律风险及其防范方法

承诺过程中可能出现的法律风险及其防范方法具体如下。

(1)承诺方式不当

若要约中明确了承诺的方式与时间,但企业做出承诺的方式不当或错过了要约中规定的时限,那么企业就会失去交易机会,造成利益损失。又或者在企业用自己的行为做出了承诺,但对方不愿再进行交易时,企业证明自己做出承诺的难度会加大,从而引发一定的法律风险。因此,为了避免或降低因承诺方式不当而引发的法律风险或利益损失,企业应及时把握商机,最好与交易对方做出明确的书面承诺,或保留彼此往来的函件作为证明合同成立的证据,以此来维护自身的合法权益。

(2)将新要约当作承诺

法律规定,承诺的内容应当与要约的内容基本一致,合同才能成立。如果受要约人对要约的内容做出了实质性改变,那么原本的要约就不再适用,而成为新要约。如果企业忽略了这些改变,仍按照之前的要约内容执行,就会引发一定的法律风险。因此,企业应注意受要约人是否对要约内容做出了实质性改变。

3.交错要约的法律风险及其防范方法

交错要约是指双方同时向对方发出了内容一致的要约。当交错要约出现时,大多数企业不会再做出承诺而是会直接履行合同。但在这种特殊的情况下,合同是否成立在法律界仍有争议。因此,企业为了维护自身的合法权益,最好按照正常程序,在交错要约发生时仍向对方做出承诺。

(二)交易主体的法律风险及其防范方法

1.代理人签约存在的法律风险及其防范方法

代理人签约过程中可能出现的法律风险及其防范方法具体如下。

(1)代理人无权代理

当代理人被认定为无权代理人时,合同的另一方就不能要求被代理企业承担相应的责任,双方签订的合同也会处于效力待定状态。此时若被代理企业不对合同进行追认,另一方可能会遭受巨大的利益损失。因此,企业在签署合同时,若对方是代理人代签合同,要审查其是否有代理权,避免或降低由此引发的法律风险。

(2)代理人超越代理权限

如果企业在签约前,已确认对方的代理人具有代理权,但却忽视了其代理权限的范围,那么法律风险隐患将依然存在,即被代理企业很有可能以代理人超越代理权限为由拒绝履行合同。这种情况也会导致合同处于效力待定的状态。因此,企业不仅要审查对方代理人是否具有代理权,还要明确其代理权限,在实践中通常要严格审查对方的授权委托书。

2.代表人签约存在的法律风险及其防范方法

企业代表人有两种,分别为法定代表人和员工代表人。在他们签约时可能出现的法律风险及其防范方法具体如下。

(1)法定代表人

《中华人民共和国民法通则》虽然规定了法定代表人的行为应由企业承担,但在民事行为中,一般遵循的原则是"约定"大于"法定",即如果法定代表人超越公司章程赋予其的权限进行签约,则其签署的合同很有可能会被认定为无效合同。

(2)员工代表人

员工代表人一般为企业的业务员,其代表企业对外签约时,需要出具所在企业的授权书。若已辞职的员工代表人为了私利仍代表原公司签约,而长久合作的企业并未再对其授权进行审查,那么就会造成签约合同无效,企业利益受损。

为避免出现上述情况,企业在签约前都要对对方代表人的权限或授权进行严格审查,以免引起不必要的纠纷或法律风险。下面一则案例对审查权限的重要性进行了很好的说明。

案例:张某原为A公司的业务员,其在2014年就已离职。2016年,张某利用自己私自配备的公司钥匙盗取盖有公司公章的合同两份,并使用这两份合同与B公司签订买卖合同,约定A公司向B公司购买价值300万的货物一批,货到付款。之后,B公司向A公司发货,A公司以不知情为由拒收且不承担相关费用。B公司则认为该合同有效,A公司应承担违约损失,遂将A公司告上法院。

在该案例中,张某原属于A公司的员工代表人,其在离职后就不再具有A公司的代理权。根据《中华人民共和国合同法》规定,若该合同不能得到A公司的追认,则被认为是无效力合同,但这只适用于一般的无权代理。本案的特殊点在于,张某使用的合同上盖有公章,因此,B公司有理由相信(善意)张某是经过A公司授权的,张某的行为构成表见代理,其签订的合同是有效力的。所以在该案例中,法院最终认定A公司以不知情、张某无代理权为由拒绝履行合同是违约行为,B公司可要求A公司继续履行合同或进行违约赔偿。

四、企业人力资源管理中的法律风险及防范方法

企业人力资源管理中涉及的人和事很多,因此会面临较大的法律风险,下面重点列举两项企业人力资源管理中可能会出现的法律风险及其防范方法。

(一)劳动合同相关的法律风险及其防范方法

1.劳动合同期限中的法律风险及其防范方法

劳动合同期限是指劳动合同有效的期限,主要有三种,分别为有固定期限、无固定期限、以完成一定工作为期限。这三种不同的劳动合同期限分别对应不同的合同条款,当合同期限与其对应的条款不适应时就会产生法律风险。因此,在拟定针对不同劳动期限的合同时,应注意条款的对应,具体如下。

①有固定期限的劳动合同:可以没有退休年龄的限制;但期限较长的合同应有培训条款。

②无固定期限的劳动合同:必须有退休年龄的限制,同时也须有培训条款。

③以完成一定工作为期限的劳动合同:需要以劳动者所具备的技能为支撑。

2.劳动报酬中的法律风险及其防范方法

劳动报酬包括劳动者应享有的工资、奖金、津贴等,不能低于国家规定的标准。一般来说,劳动报酬是劳动合同中非常重要的条款,但有少部分企业为了方便调整员工的劳动报酬,而有意将此项条款删除。大多数情况下,在合同条款中不体现劳动报酬并不会引起法律风险,但当企业工资在一段时间内波动较大时,若采用根据员工绩效来支付工资的方法,就会存在发生争议时将个别高收入月份的报酬支付额作为工资计算标准的法律风险。因此,企业在劳动合同中要尽量加入劳动报酬的相关条款。

3.劳动合同终止中的法律风险及其防范方法

部分企业认为,对于劳动合同终止有法律规定的事项,就不需要在劳动

合同中再体现,或者只需简单地重复法律规定内容即可,但这种方式往往会引发较大的法律风险。例如,企业若聘用超过退休年龄的人员,且劳动合同中并没有法定的终止条件,这就会使企业陷入困境。除此之外,只是在劳动合同中简单地重复法律规定的劳动终止事项会有一定的法律风险,应约定更为明确的终止后续事项处理,以避免发生由此产生的法律风险。

4.违约责任中的法律风险及其防范方法

明确约定违约责任是避免合同争议的有效途径,可以降低企业的法律风险和诉讼成本。因此,企业在劳动合同中应对违约责任进行明确,从而将各种法律风险降至最低。

(二)社会保险相关的法律风险及其防范方法

社会保险是一种由国家和社会提供物质帮助的社会保障制度,其主要是为了保障劳动者在暂时性或永久性地丧失劳动能力、失业期间的基本生活需求。我国的社会保险主要包括失业、养老、工伤、医疗和生育保险等。《中华人民共和国劳动法》规定,企业须为签订劳动合同的员工按比例缴纳社会保险,若企业未履行此项要求,就要承担一定的法律风险,并且该风险不受时效限制。对于未按要求为员工缴纳社会保险的企业,社会保险部门会根据监管要求责令其补交,并要求其赔偿巨额的滞纳金。除此之外,企业若未为员工缴纳工伤保险,一旦员工出现工伤,产生的工伤赔偿金须由企业承担。

不按规定给员工缴纳社会保险的企业非常多,它们通常承担了较大的法律风险,以下案例就是一个很好的例子[8]。

案例:工人李某进入某装修公司做保洁工作,双方按照规定签订了劳动合同,起止日期为2013年2月19日至2016年2月18日。2014年,李某因家中有事提出辞职,双方解除劳动关系。在劳动关系存续期间,该装修公司并未按照规定给李某缴纳社会养老保险金。2015年2月14日,李某对该装修公司未缴纳社会保险向劳动监察部门举报,劳动监察部门于2015年3月23日向该公司发出限期改正指令书,要求该公司为李某补交社会保险。但该公司违背指令不予整改,李某申请仲裁,但被劳动仲裁委员会以超过一年仲裁时效为由驳回请求。李某最终将该公司诉讼至法庭,请求判令该公司为其补交劳动关系存续期间的社会保险费用。

在该案例中,装修公司的做法违背了《社会保险申报缴纳管理规定》,被告作为用人单位应依法为原告缴纳劳动关系存续期间的社会保险费用。从此案例中可以看出,企业应按照规定为员工缴纳社会保险,这是法律规定的强制行为,能避免由此产生的法律风险,减少诉讼成本。

五、大学生创业过程中规避和降低法律风险的其他方法

(一)优化创业法治环境

大学生创业过程中合法权益的保护离不开法律的制定和有效实施,良好的创业法治环境在高校大学生成功创业的过程中起到了关键性的作用。目前,我国现行的法律如《中华人民共和国公司法》《中华人民共和国合伙企业法》《中华人民共和国个人独资企业法》等都不是专门针对高校大学生创业的法律,针对高校大学生创业的法律保护仅仅停留在如《教育部关于做好2018届全国普通高等学校毕业生就业创业工作的通知》等政策性指引的规定上,并不能对高校大学生创业起到较好的法律指导和保护的作用。因此,我国应制定专门的创业法律规范,将各项创业优惠政策和保护措施固定下来,以法律本身具有的指导性、强制性为高校创业者优化创业法治环境。在法律制度建构上,应完善法律体系和知识产权保护制度,为高校创业者的项目提供全面的法律制度支持。与此同时,高校应积极响应国家创业法治政策,以完善校园规章制度的方式严格执行,为高校大学生营造良好的校园法治环境。

(二)树立正确的法律意识、重视创业法学教育

我国社会属于人情社会,民众的法律意识普遍较为淡薄,在遇到法律问题时往往倾向于找寻人情关系,而不是通过正规的法律途径来维护自己的合法权益,高校创业者亦是如此。这种观念在很大程度上阻碍了高等院校创业法律教育的改革。我国高校应树立正确的创业法律教育理念,创业法律教育不应简单地等同于教学生创办企业盈利,而在于塑造学生的创业法律精神和理念。同时,我国高校应辅以创业法律宣传、推广工作,给学生普及创业法学理念,提高学生的法律素质,培养学生守法、用法、维权的法律意识,通过多种宣传形式推进创业法学教育的发展。

(三)加强高校专业化创业法律教育师资队伍的建设

帮助大学生规避和降低创业过程中的法律风险,高校中的相关教师是主力军。加强专业化师资队伍的建设是推进创业法学教育的一项重要举措,高校专业化创业法律教育师资队伍的建设可通过"内外兼修"的方式来

突破:一是加强对高校创业法学教师创业法学教育能力的培养,引导教师结合创业和法学学科专业的特点开展理论和案例研究,支持创业法学教师到企业挂职锻炼,鼓励创业法学教师亲身参与创业实践项目;二是加强高校创业法学教师的法律意识和能力的培养,通过高校岗前培训、课程培训、骨干研修、创新创业教学大赛等方式促进高校创业法学教师的学习、交流与进步;三是从社会各行业聘请知名企业家、创业成功人士、行业代表等担任创业法学教育兼职教师,建立一支教学与指导、专职与兼职、校内与校外相结合的高素质创业法学教育教师队伍[9]。

(四)加强高校大学生创业项目中的法律实践训练

为加强高校大学生创业项目中的创业法律实践训练,高校应组织开展多样的创业法律讲座、创业法律训练、创业法律风险模拟、创业大赛等活动。高校一方面应将创业法律实践结果作为课程考核的标准,激发学生切身参与的积极性,另一方面加强科技园、创业园、众创空间、双创基地、大学生创业孵化基地等校内创新创业实践基地的建设,促进创新创业平台的建设,为创业法学实践项目的落地提供平台支持。高校若能做到以上几点,就可以扭转我国高校教育模式普遍存在的"重理论教学,轻实践教学"的局面,使学生的创新创业法律实践能力得到锻炼和提升。

(五)搭建高校校内大学生创业法律服务平台

为规避和降低大学生创业过程中的法律风险,高校可通过搭建校内创业法律服务平台的方式为高校大学生提供免费的创业法律咨询服务。高校大学生是我国青年创业人才中的主力军,因此,在高校搭建校内大学生创业法律服务平台十分有必要。创业法律服务平台应积极吸纳高校创业法律教育专业教师、企业家、行业代表、优秀高校创业代表等人才,由他们负责对大学生创业实践项目进行一对一指导帮扶,随时为大学生解决创业过程中遇到的法律问题,并定期为高校大学生提供创业法律培训。此外,高校要积极利用互联网平台,设立高校大学生创业法律服务专栏,定期推送创业法律知识,提供线上线下同步的创业法律服务。

第五章　大学生创新创业相关的法律问题研究

对大学生而言，自主创业既是其热衷选择的一种将所学知识应用于实践，以实现自身价值的方式，也是其对自身所拥有的资源进行优化整合，以创造社会价值的途径。在自主创业的过程中，为了最大限度地规避风险，大学生必须对与创业相关的、基础性的法律问题进行深入了解。本章将对大学生在实现创新创业过程中可能面临的合同法律问题、物权法律问题、知识产权法律问题进行讲解，以帮助大学生在创业道路上少走弯路。

第一节　大学生创新创业中的合同法律问题

大学生在创业过程中无可避免地需要通过签署合同的形式，来与一些民事主体展开交易活动。因此，大学生必须对有关合同的创业法律问题有一个大致的了解，明确合同的作用与法律效力，熟悉合同的签订、生效、撤销、终止等一系列问题，以合法维护自身的权益。

一、合同概述

（一）合同的概念与性质

合同是指作为平等主体的自然人、法人及其他组织之间所达成的用于设立、变更、终止民事权利与义务关系的意思表示一致的协议。合同的性质主要体现在以下两个方面。

1.合同是平等主体之间的协议

合同的主体包括法律地位平等的自然人、法人或其他组织。双方当事人经过平等协商后，可通过合同来确立彼此之间的民事法律关系，其中一方当事人不得将自己的意志强加给另一方当事人。

2.签订合同属于民事法律行为

合同的签订是一项以设立、变更、终止民事权利与义务为内容的,发生于当事人双方之间的民事行为。只有在合同当事人意思表示合法、符合法律要求的情况下,其所签订的合同才具有法律约束力。

(二)合同的分类

按照不同的分类标准,我们可以将合同分为不同的类型,下面将对一些常见的合同分类进行简要介绍。

1.有名合同与无名合同

按照合同的名称及相应规则是否在法律上有着明确的规定,可以将合同分为有名合同和无名合同。有名合同又称"典型合同",是指法律已明确规定其名称与规则的合同。无名合同又称"非典型合同",是指法律尚未明确规定相应的名称与规则的合同。

区分有名合同与无名合同的意义体现在两者所适用的法律规则层面,有名合同适用《中华人民共和国合同法》的规定,无名合同则适用《中华人民共和国合同法》总则的规定。

2.双务合同与单务合同

以合同当事人所承担的权利与义务为标准,可以将合同分为双务合同和单务合同。双务合同为最常见的交易形式,在双务合同中,一方当事人所享有的权利正是另一方当事人应当承担的义务。单务合同则是指合同当事人中仅有一方须承担给付义务,另一方仅需享有权利的合同。

区分双务合同与单务合同的意义主要体现在风险负担、因一方过错导致合同不履行的后果、是否适用同时履行抗辩权等方面。

3.有偿合同与无偿合同

根据当事人能否从合同中获得某种利益,可以将合同分为有偿合同和无偿合同。有偿合同是商品交换过程中最典型的法律形式,是指规定一方通过履行合同规定的义务来给对方一定的利益,而对方要想获得该利益则必须付出相应代价的合同。无偿合同则是指当一方当事人给付对方当事人某种利益时,对方当事人无须支付任何报酬的合同。

区分有偿合同与无偿合同的意义主要体现在明确合同性质、适用法律、当事人的注意义务等方面。

4.诺成合同与实践合同

根据合同的成立是否需要以当事人交付标的物为前提,可以将合同分为诺成合同和实践合同。所谓诺成合同,是指只要一方当事人的意思表示能够经过对方同意,即可立即产生法律效力的合同。实践合同又称"要物合同",其法律效力的发挥不仅需要双方当事人意思表示一致,还需要交付一定的标的物,否则该合同将无法成立。

诺成合同与实践合同的区别主要体现在合同成立与生效的时间上。诺成合同自双方当事人意思表示一致起即可成立;实践合同则须在当事人交付标的物后才算成立。

5.要式合同与不要式合同

根据合同是否需要一定的形式作为要件,可以将合同分为要式合同和不要式合同。要式合同是指按照法律规定的形式而订立的合同。不要式合同是指当事人依法订立的、并不需要采用某些特定形式的合同,即当事人既可以通过口头形式也可以通过书面形式来订立合同。

区分要式合同与不要式合同的关键在于合同是否将一定的形式要件作为合同成立、生效的条件。

6.主合同与从合同

根据合同之间的主从关系,可以将合同分为主合同和从合同。主合同是指可以独立于其他合同而存在并生效的合同。从合同又称"附属合同",顾名思义,是指必须以其他合同的存在为前提,否则将无法生效的合同。

主合同与从合同的最本质区别即在于能否独立存在,从合同具有显著的附属性,是无法独立发挥作用的。

(三)合同的基本原则

合同的基本原则是指在合同订立、履行的过程中,需要依据并遵守的最根本、最主要的原则。总的来说,合同的基本原则包括以下几点。

1.意思自治原则

从本质上来讲,合同是双方当事人意思表示一致的产物,应为当事人对内心真实意思的表达。因此,无论是在合同当事人享有权利、履行义务时,还是在其从事民事活动时,都应尊重其意志的自由,任何人均无权非法干预。

2.平等公平原则

主体地位的平等是双方当事人得以进行意思表示的前提和基础。如果双方当事人无法实现地位上的平等,那么其所进行的协商活动也必然是不公平的,其中一方的合法利益也必然会受到损失。在市场活动中,市场主体也须遵循平等公平的原则,以确保双方当事人权利与义务的对等与均衡。

3.诚实信用原则

诚实信用原则是合同法乃至整个民法中最为基本的原则。该原则要求当事人在订立合同时,应怀着善良的态度并采取善意的方式,而不应滥用权利。在维护自身合法权益的同时,当事人也应充分尊重对方的利益,同时注意维护社会公共利益。

4.公序良俗原则

所谓公序良俗,可将其拆解为"公序"和"良俗"。公序即公共秩序,是指维持国家、社会的存在与发展所必须具备的一般秩序;良俗即善良风俗,是指处在社会环境中的人们应具备的一般道德。

公序良俗是现代民法中的一项重要原则,其在保障国家利益、维护社会道德秩序、协调利益冲突、保护弱者等方面均发挥着重要作用。《中华人民共和国合同法》将公序良俗原则表述为"遵守法律法规、行政法规,尊重社会公德"。

二、合同的成立

(一)合同成立的概念

合同的成立是指当事人针对合同的主要条款达成合意,即达成了意思表示上的一致。合同成立的意义主要体现在以下两个方面:第一,合同的成立与生效是区分违约责任和缔结过失责任的根本标志;第二,合同成立的时间可作为判断合同生效时间的依据。

(二)合同成立的要件

合同成立的要件与合同成立的概念相关联,直接关系到合同关系的存在与否。合同成立的要件主要包括两个方面的内容:第一,合同的订约主体必须是两个或两个以上的、利益不同的当事人。第二,订约当事人必须对合同的主要条款达成合意,且多数合同的主要条款应包含如图 5-1 所示的内容[10]。

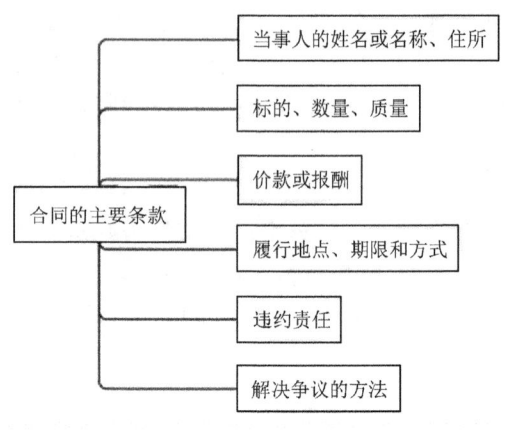

图 5-1　合同的主要条款

一般情况下,合同的成立都要经过两个阶段,即要约和承诺。从某种意义上来讲,要约和承诺也是当事人在合同成立过程中必须遵循的基本规则。下面将对要约和承诺分别展开介绍。

（三）要约

1.要约的概念

要约是指一方当事人以缔结合同为目的,向对方当事人做出的意思表示。发出要约的一方为"要约人",接受要约的一方为"受要约人"。严格来讲,要约只是一种意思表示,而非法律行为,但要约中所包含的意思表示却是具有法律意义、并能产生法律后果的。一旦要约人在发出要约后违反有效要约,导致对方遭受损失,要约人就须承担相应的缔约过失责任。

2.要约的构成要件

要约的构成要件主要包括以下几点。

（1）特定的当事人

要约人之所以发出要约,归根到底是为了订立合同,而合同的主体必须是特定的,因此,无论是要约人还是受要约人,也都必须是明确的。要约只有由要约人向其希望与之缔结合同的受要约人发出,才能唤起受要约人的承诺,但受要约人既可以是一个人,也可以是数个人,只要是特定、明确的即可。

(2) 订立合同的意图

要约人在提出要约时,必须明确表示自己愿意按照要约中所提的条件,与受要约人订立合同。因此,一旦受要约人接受了要约并做出了承诺,合同即为成立,而无须再经过要约人的同意和确认。

(3) 具体、确定的要约内容

要约的内容一般包含准备签订合同的主要条款,如商品的名称、数量、质量、价款或报酬、要约的履行期限和履行方式等。

(4) 要约被送至受要约人处

只有当要约被送至受要约人处后,要约的内容才会被受要约人所知悉,要约也才能对受要约人产生实际的约束力。

3.要约的失效

要约的失效即要约丧失了法律约束力。当要约发出后,一旦出现以下情形之一,即判为要约失效,要约人将不再受原要约的约束:第一,要约人依法撤销要约;第二,受要约人以口头形式或书面形式明确通知要约人,不接受该要约,且该通知已到达要约人处;第三,受要约人对要约的内容做出了实质性变更,如变更了合同标的、数量、质量、履行期限、违约责任等;第四,要约中有对承诺期限做出规定的,承诺期限届满,受要约人却并未做出承诺。

(四) 承诺

1.承诺的概念

法律意义上的承诺是指受要约人同意接受要约条件,并愿意订立合同的意思表示。承诺的法律效力体现在受要约人的承诺一旦被送至要约人处,合同便即刻宣告成立。

2.承诺的构成要件

一般来说,承诺只有具备了以下要件,才会发生相应的法律效力。

(1) 承诺必须由受要约人向要约人做出

该项规定主要包含以下两层含义:第一,只有受要约人才能做出承诺,如果受要约人不止一人,那么所有的受要约人均可成为承诺人;第二,由受要约人授权的代理人可代替其做出承诺,这是被法律所允许的。

(2)承诺必须在要约的有效期限内到达要约人

承诺应当在要约规定的期限内到达要约人。如果要约并未规定承诺期限,承诺则应按照以下要求到达:第一,要约以对话形式呈现、且当事人未有另外约定的,受要约人应即时做出承诺;第二,要约以非对话形式呈现的,受要约人应在合理的期限范围内做出承诺,并使承诺到达要约人。

(3)承诺内容必须与要约内容保持一致

承诺的本质是对要约的回应,因此,承诺的内容必须与要约的内容保持一致,这样才能构成意思表示的一致,即达成"合意",合同也才能就此成立。具体来讲,受要约人所做出的承诺必须是无条件的承诺,受要约人不得对要约的内容进行限制、扩张和变更,否则将不构成承诺。

(4)承诺方式必须符合要约要求

承诺方式是指受要约人为了将承诺的意思表达出来,而采取的某种形式。《中华人民共和国合同法》规定,承诺原则上应以通知的形式发出,但根据交易习惯或要约表明可以通过行为做出承诺的情况除外。

三、合同的生效

(一)合同生效的概念与内容

合同生效是指已经成立的合同在当事人之间产生了一定的法律约束力。合同的约束力主要表现在权利和义务两个方面。从权利的角度来看,合同当事人依据合同所享有的权利会依法受到法律的保护,包括请求和接受债务人履行债务的权利、在对方当事人不履行合同的情况下获得补救的权利、诉请强制执行的权利等。而从义务的角度来看,当事人依据合同所产生的义务具有强制性,即一旦当事人违反了合同所规定的义务,其就必须承担违约责任。综上,合同约束力的产生是以法律责任为基础的。

(二)合同生效与合同成立的区别

一般情况下,合同的成立也就意味着合同的生效,但从法律角度来看,合同生效与合同成立之间仍然有着明确的区分,属于两个完全不同的概念。具体来讲,两者的区别主要体现在以下两个方面。

1.概念和性质不同

合同成立是指当事人针对合同的主要条款达成合意,合同生效则是指合同具备法律规定的生效要件。合同在成立之时便即刻生效的前提是合同完全符合国家意志和社会公共利益,即依法具备生效要件。违背国家意志、损害社会公共利益的合同是无效的。

2.构成要件不同

合同生效的要件主要包括以下几点:第一,行为人具有相应的民事行为能力;第二,合同意思表示真实;第三,合同不违反法律,不损害社会公共利益。上述要件是检验合同效力的基本标准。对合同生效的评价往往会涉及价值衡量层面,是着眼于意思表示的内在品质的;而对合同成立的评价一般只限于外部形态,即有无合同,判断合同成立与否属于事实判断问题。

(三)合同生效的要件

如前所述,判断合同是否生效的要件包括行为人是否具有民事行为能力、合同的意思表示是否真实、合同是否违反了法律或损害了社会公共利益。除此之外,合同是否遵循法律所规定的形式也是关乎合同生效与否的标准之一。下面将对这些合同要件进行具体介绍。

1.行为人具有相应的民事行为能力

该要件又被称为主体合格原则,是指行为人必须具备与订立合同相适应的民事行为能力。具体来讲,行为人既要能够正确认识自己的行为性质并承担相应后果,也要能够独立地表达自己的意思。根据《中华人民共和国民法通则》规定,以自然人的年龄和精神状况为依据,可将民事行为能力分为完全民事行为能力、限制民事行为能力、无民事行为能力三种类型。

2.合同意思表示真实

意思表示是指行为人将其设立、变更、终止民事权利的内在意思表示于外部的行为,由"效果意思"和"表示行为"两部分构成。其中,效果意思是指意思表示人欲使其表示内容具备法律约束力的内在意思要素;表示行为则是指行为人通过外部形式表达自身的内在意思,以使外界能够客观理解其内在意思的要素。综上所述,意思表示真实即表意人的行为能够真实地反映其内心的意思。合同的本质是当事人之间的合意,只有做到意思表示真实,才能产生法律层面的约束力。

3.合同不违反法律,不损害社会公共利益

任何合同均不得违反法律的强制性规定,也不得通过协议对法律中的强制性规定加以改变。需要注意的是,此处的法律仅指狭义上的法律和行政法规,而不包括地方性法规、部门规章等。同时,合同不仅要符合法律规定,从内容上看也不得损害社会公共利益。

4.合同形式符合法律规定

《中华人民共和国合同法》规定,在我国,合同的订立既可以采用书面形式,也可以采用口头形式或其他形式,但法律规定必须采用特定形式的,则应严格依照法律规定。也就是说,我国法律给予当事人依法选择合同形式的权利与自由,但在特定情况下,当事人也必须以法律规定为依据选择适当的合同形式。

四、效力待定的合同

(一)效力待定合同的概念

效力待定的合同是指合同已成立、但尚不能明确是否已经发生效力、需要通过其他事实或行为加以确定的合同。效力待定的合同一般具有以下特点:第一,合同已经成立,但由于缺乏处分权、代理权或因当事人缺乏行为能力,而导致效力尚不齐全;第二,合同效力处于一种不确定的中间状态;第三,合同的效力有待通过其他事实或行为加以确定。

法律效力的确定包括两个方面,即确定有效和确定无效。而能够使效力待定合同的法律效力得以确定的法律行为又包括以下两种,一是由权利人行使追认权,通过对效力待定的合同进行事后追认,以实现合同的完全有效;二是由善意相对人行使撤销权,来使效力待定的合同归于无效。

(二)效力待定合同的类型

1.限制民事行为能力人依法不能独立订立的合同

《中华人民共和国民法通则》规定,十周岁以上的未成年人和不能完全辨认自己行为的精神病人,属于限制民事行为能力人,可以从事与其年龄、智力、精神情况相适应的民事活动,其他民事活动则须经其法定代理人同意后方可进行。当限制民事行为能力人接受报酬、赠予、奖励时,其他人不得以其民事行为能力受限为由,主张该行为无效。

2.代理人基于无权代理行为所订立的合同

无权代理行为包括广义和狭义两种类型。广义的无权代理行为包括表见代理和狭义的无权代理。表见代理是指行为人虽然在事实上无代理权,但相对人有理由认为行为人具有代理权,因而与其进行交易活动,且交易活动的法律后果由被代理人承担的代理行为。狭义的无权代理主要包括三种类型,一是无代理权的无权代理,即代理人未得到任何授权,却以本人的名义从事代理行为;二是超越代理权的无权代理,即代理人享有一定的代理权,但其所从事的代理行为实际上已经超越了其代理权所规定的范围和限制;三是代理权消灭后的无权代理,即代理权因委托被撤销、代理期限届满等原因而终止。

3.无权处分合同

无权处分合同是指无处分权人对他人财产进行处分,同时与相对人订立的、用于转让财产的合同。无权处分合同的特点主要体现在以下几个方面:第一,行为人实施的是法律上的处分行为,即处分财产所有权或债权的行为,而不包含转移财产的占有权和使用权;第二,行为人并无法律上的处分权,但处分了他人的财产;第三,行为人与相对人因处分财产的行为而订立了合同;第四,行为人以自身的名义实施处分行为。

要想使无权处分合同产生有效性,必须由本人进行追认,或使行为人在事后取得处分权。但从法律角度来看,无权处分行为的本质在于处分人并无处分他人财产的权利,导致权利人的财产权利受到侵害。

五、无效合同

(一)无效合同的概念

无效合同是相对于有效合同而言的,指虽然已经成立,但因其内容违反了法律法规的强制性规定,或损害了社会公共利益而不具备法律效力,也不受法律保护的一种合同类型。

(二)无效合同的特征

1.具有违法性

无效合同的类型众多,但从本质上来看,违法性是其共有的特征。所谓违法性,是指合同不仅违反了法律、行政法规的强制性规定,并且还会对社会公共利益造成一定的损害,换言之,此类合同是与国家意志相违背的,因此不能使其产生法律效力。

2.具有不得履行性

无效合同的不得履行性是指当事人在订立无效合同后,不得对合同进行实际履行,也不必承担因不履行合同而导致的违约责任。即使当事人在订立合同时并不知道合同是违法的,当事人也不得履行无效合同。

3.自始无效

由于无效合同的本质是违反法律规定的,其法律效力是不被国家所承认的,因此,合同一旦被确认无效,就还会产生一定的溯及力,即合同自订立之时起便不具备法律效力。

(三)无效合同的类型

1.以欺诈、胁迫为手段订立的合同

所谓欺诈,是指一方当事人通过故意提供虚假信息、故意隐瞒真实情况等手段,来诱使对方当事人做出错误意思表示的行为。因欺诈而导致合同无效的情况需要满足以下条件:第一,欺诈方存在欺诈的故意;第二,欺诈方实施了欺诈行为;第三,被欺诈方因欺诈行为而犯下错误;第四,被欺诈方因错误认识而做出意思表示;第五,欺诈行为损害了国家利益。

所谓胁迫,是指一方当事人以将要发生的损害来威胁对方当事人,或通过直接施加损害的方式进行威胁,导致对方因产生恐惧而订立合同的行为。因胁迫而导致合同无效的情况需要满足以下条件:第一,胁迫人存在胁迫的故意;第二,胁迫人实施了胁迫行为;第三,被胁迫人因胁迫行为而订立合同;第四,胁迫行为损害了国家利益。

2.损害国家、集体或第三人利益的合同

此类合同是指双方当事人恶意、非法地串通在一起,共同订立的损害国家、集体或第三人利益的合同。该合同不仅无效,而且违法。

3.以合法形式掩盖非法目的的合同

此类合同是指当事人所订立的从形式上看是合法的、但其内容及目的均为非法的合同。订立此类合同的当事人在主观上存在规避法律的故意,对其而言,订立合同这一行为只是表象,目的在于掩盖非法行为的本质。当事人十分明确,自身的外表行为与实际上的隐匿行为是不一致的。

4.违反法律、行政法规中效力性规定的合同

违反法律、行政法规中的效力性规定,或对公共利益有所损害的合同必然是无法受到法律认可的,也必然会因不具备法律效力而成为无效合同。但在此类合同中需要注意的是,合同如果属于部分无效,那么其他不受影响的部分依然是有效的,是具备相应效力的。

六、可撤销的合同

(一)可撤销合同的概念与特征

可撤销合同是指当事人在订立合同时,因意思表示不真实而依法行使撤销权,使已经生效的合同归于无效的一种合同。

可撤销合同的特征主要体现在以下几个方面:第一,可撤销合同的意思表示不真实,但当事人在订立合同时并未存有故意违反法律、损害公共利益的目的,因此可不将其归于无效合同;第二,意思表示不真实的一方当事人应主动行使撤销权来撤销合同;第三,在未被撤销之前,可撤销合同仍具有法律效力,当事人仍应按照合同规定履行相应义务;第四,撤销权人具有变更合同的权利,可通过更正合同内容来反映当事人的真实意思表示,以使双方当事人的权利与义务趋于合理。

(二)可撤销合同的类型

1.因重大误解而订立的合同

此类合同是指一方当事人因自身的失误而对合同内容产生错误认知从而订立的一种合同。只有当误解符合以下条件时,合同才可被撤销:第一,表意人因误解而做出意思表示;第二,表意人对合同的内容产生了重大误解,且此处的合同内容特指合同的主要条款;第三,误解是因误解一方自身的过失造成的,且这种过失是一种非故意的行为。

2.显失公平的合同

显失公平的合同是指出于事态紧急或缺乏经验等原因,一方当事人所

订立的对自己有着明显不利的合同。此类合同通常在订立之时就显失公平,利益受损方之所以订立合同,大多是由于经验不足或面临紧迫情况,同时,另一方所获得的利益也往往超出了法律允许的限度。

3.受欺诈、胁迫而订立的合同

此处的"欺诈"与"胁迫"与前文无效合同中的"欺诈""胁迫"含义基本一致,唯一的区别在于可撤销合同中的欺诈、胁迫不涉及对国家、集体、第三人利益的损害,而只与双方当事人的利益相关。

4.乘人之危订立的合同

所谓乘人之危,是指利用他人的危急处境和紧急需求,强迫他人接受某些带有明显不公平色彩的条件的行为。同样地,乘人之危的合同即利用对方的弱点来逼迫对方订立的合同。在此类合同中,不法行为人所获取的利益往往超出了法律规定的限度。

七、合同的履行与违约

(一)合同的履行

合同的履行是指合同的双方当事人将合同内容落到实处的过程。当合同生效后,合同当事人就必须按照合同的内容来履行相应的义务,否则就要承担相应的法律责任。

1.合同履行的原则

诚实信用原则是当事人在履行合同时应当遵循的最基本原则,具体是指当事人应按照合同的性质、目的、交易习惯,来履行保密、通知、协助等义务。除了诚实信用原则,当事人还应遵循适当履行、协助履行、经济合理、情势变更等一系列原则。

2.合同履行中的抗辩权

抗辩权是指在双务合同的订立中,一方当事人所享有的依法对抗对方当事人请求权的权利,具体包括同时履行抗辩权、先履行抗辩权、不安抗辩权三种类型。

同时履行抗辩权是指双方当事人在履行义务时没有先后顺序、应当同时履行。如一方尚未开始履行,或所履行的义务不符合约定,另一方则有权拒绝其所提出的履行要求。

先履行抗辩权是指当事人互负义务,但两者之间存在先后履行顺序,如被要求先履行的一方尚未履行或履行内容不符合约定,后履行的一方有权拒绝其提出的履行要求。

不安抗辩权是指应当先履行义务的当事人,如有确切证据证明对方存在下列情形(图5-2)的,可以终止自身的履行义务。而如果当事人在尚无确切证据的情况下中止了义务的履行,则须承担相应的违约责任。

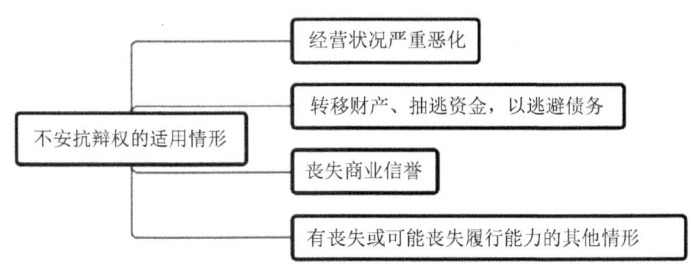

图5-2 不安抗辩权的适用情形

(二)合同的违约

1.违约的概念

违约是指合同当事人在无正当理由的情况下,未履行或未全部履行合同义务的行为。合同一旦生效,其就会对双方当事人产生强制约束力,而未能按照合同内容履行义务的当事人也就必须承担相应的法律责任。

《中华人民共和国合同法》规定,如一方当事人未履行合同义务,或所履行的义务不符合合同约定,该当事人就应承担继续履行、采取补救措施、赔偿损失等违约责任。也就是说,只要不属于法定或约定的免责情形,无论违约者是否存在主观上的过错,其都应承担相应的违约责任。由此可见,《中华人民共和国合同法》在违约责任的归责问题上,遵循的是"严格责任"原则。

2.违约的形式

根据法律规定,违约主要包括预期违约、实际违约两种情形。

(1)预期违约

预期违约是指在合同期限到来之前,一方当事人虽无正当理由,但仍明确表示或以实际行动表明,其在履行期到来之后,将不再履行合同。按照表示方式的不同,预期违约又可分为明示预期违约、默示预期违约两种类型。

(2)实际违约

实际违约是指当事人在理应履行合同的时期内,不履行或不适当履行合同义务的行为。不履行合同义务是指自合同生效起,当事人从未履行自己的合同义务;不适当履行合同义务则是指当事人看似履行了合同义务,但实际上其行为并不符合法律规定或合同约定。实际违约的类型如图5-3所示。

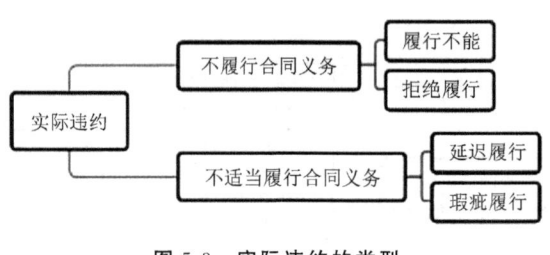

图5-3　实际违约的类型

3.违约的救济方法

违约的救济方法是指当一方当事人因其违约行为而给对方当事人造成损失时,对方当事人为维护自身合法权益而采取的正当措施,具体包括继续履行、赔偿损失、支付违约金、给付定金四种方法。

(1)继续履行

继续履行是指在一方违反合同后,另一方有权要求违约方按照合同的规定,继续履行合同义务。

(2)赔偿损失

赔偿损失是指当一方的违约给对方造成损失时,违约方须依法承担的赔偿对方损失的责任。赔偿损失是一种法律责任,但并不具有惩罚性,只是为了弥补权利人因此受到的损失。

(3)支付违约金

违约金是指双方当事人事先约定好的,用于保证合同履行的一定数量的金钱,由违约方向被违约方支付。违约金的具体金额、因违约而产生的损失赔偿额的计算方法,均可由双方当事人自行商定。

(4)给付定金

定金是指双方当事人为保证合同的履行,所约定的由一方向另一方预先支付的一定金额。当事人履行义务后,定金可抵作价款或收回。如给付定金的一方未履行义务,其无权要求返还定金;如收受定金的一方未履行义务,其应双倍返还定金。

八、合同权利义务的终止

(一)合同权利义务终止的概念与法律后果

合同权利义务的终止,即合同由于某种原因而不复存在,合同的权利与义务也随之归于消灭的情形。造成合同权利义务终止的原因主要有三个,一是当事人的意思,二是合同目的的消灭,三是法律的直接规定。

由合同权利义务的终止而引发的法律后果具体包括以下几点:第一,合同权利义务的终止导致合同关系不复存在,那么基于合同关系的担保或其他权利义务也将随之消灭;第二,合同的证明文件将不再具备证明债权债务的效力;第三,即使合同权利义务已经终止,当事人仍应遵循诚实信用的原则,履行保密、通知、协助等后合同义务。

(二)合同权利义务终止的法定情形

合同权利义务终止的法定情形主要包括清偿、抵消、提存、免除与混同等。

1.清偿

清偿是指债务人向债权人履行债务的行为。清偿是导致合同权利义务终止的主要原因,即债权人一旦接受了债务人的清偿,合同的权利与义务关系即告终止。一般情况下,清偿须由债务人本人履行,但如符合法定条件,第三人也可依法代为清偿。

2.抵消

抵消是指当双方当事人互负债务时,双方各自的债权可用作对债务的清偿,从而使双方的债务能够实现对等额内的相互消灭。抵消既可以节省给付的交换,降低交易成本,也有助于债权效力的保障。抵消的具体方式包括两种,一是法定抵消,二是约定抵消。

3.提存

提存是指当由于债权人的原因(如债权人延迟受领、下落不明、死亡或丧失行为能力且未确定监护人或继承人等),导致债务人无法向债权人交付合同标的物时，债务人可将标的物交予提存部门，从而消灭合同权利义务的情形。提存一般涉及三方当事人，即债务人、债权人和提存部门。

4.免除与混同

免除是指债权人抛弃债权，使合同关系全部终止或部分终止的单方行为。混同则是指债权与债务归于一人，原则上导致合同关系消灭的事实。

第二节 大学生创新创业中的物权法律问题

所有权问题属于物权法中的基本问题，也是创业者最需要注意的问题之一。创业归根到底是一个创造财富、积累财富的过程，因此，只有明确财产的归属问题，创业的实际意义才能够有所体现。

一、创业中的"善意取得"问题

（一）善意取得的概念

所谓善意取得，是指无权处分他人动产的占有人，在将动产非法转让给第三人后，如果第三人对动产的取得是出于善意的，那么第三人就能够依法取得该动产的所有权。

《中华人民共和国物权法》规定，无处分权人在将不动产或动产转让给受让人后，所有权人有权追回。而除了法律的另行规定外，符合以下条件的受让人可获得该不动产或动产的所有权：第一，受让人对该不动产或动产的受让是善意的；第二，转让价格是合理的；第三，所转让的不动产或动产，已按要求进行登记，无须登记的也已交付给受让人。

（二）善意取得的构成要件

善意取得的构成要件主要包括以下几点：第一，受让人的受让行为须为善意，即受让人并不知道出让人是无处分权人；第二，受让人已经支付过合理的价款；第三，应当登记的转让财产已经登记，如房屋、土地等不动产，无须登记的财产（主要指动产）已被交付给受让人。只有同时满足上述三个条件，才能构成善意取得。

二、创业中的"建设用地使用权"问题

在我国,土地所有权归国家和集体所有,个人只享有土地使用权。在创业的过程中,创业者有时也会遇到一些与土地有关,尤其是与建设用地有关的法律问题。因此,下文将对建设用地使用权的相关法律问题进行阐述。

（一）建设用地使用权的含义

建设用地使用权是指依法享有的对国家所有的土地进行占有、使用并从中获得收益的权利。建设用地使用权人有权利用该土地,对建筑物、构筑物及其附属设施展开建造或改造活动。其中,建筑物包括住宅楼、写字楼、厂房等;构筑物是指不具备居住、生产、经营功能的人工建造物,如道路、桥梁、隧道、纪念碑等;附属设施即附属于建筑物、构筑物的设施。建设用地使用权属于用益物权的一种。

（二）建设用地使用权的出让方式

建设用地使用权的出让方式包括两种,一是有偿出让,二是无偿划拨。

有偿出让是出让建设用地使用权的最主要方式,是指出让人将（具有一定期限的）建设用地使用权出让给建设用地使用权人,以供其使用,与此同时,使用权人须向出让人支付一定的土地出让金。常见的有偿出让方式包括拍卖、招标、协议等。

无偿划拨是指经县级以上人民政府依法批准后,建设用地使用权人可通过缴纳补偿、安置等费用的方式,获得土地的使用权;政府也可将建设用地使用权无偿交付给建设用地使用权人使用。通过无偿划拨方式所获得的建设用地使用权是没有期限规定的。

（三）建设用地使用权的类型

在我国,土地所有权归属于国家,无法成为市场交易的对象,因此,土地使用权逐渐替代了土地所有权的功能,成为构成土地交易市场的基础。具体来讲,建设用地使用权的类型包括以下几种。

1.划拨土地使用权

划拨土地使用权是指由国家进行无偿划拨,或通过直接授权使用的方式而设立的土地使用权。

2."三资企业"的土地使用权

所谓"三资企业",是指设立于我国境内的中外合资经营企业、中外合作经营企业和外商独资经营企业。《中华人民共和国中外合资经营企业法》规定,国家应对"三资企业"征收场地使用费,但由于这种使用费的标准通常较低,且完全由政府决定,因此,"三资企业"的土地使用权并不能被视作对市场经济条件下的土地利用关系的反映。

3.依法直接取得的土地使用权

依法直接取得的土地使用权主要包括两种情形:第一,城市居民在1982年之前所享有的房屋地基所有权,自1982年《中华人民共和国宪法》生效之日起便转化为了土地使用权;第二,城市国有企业、集体所有企业、事业单位、机关、学校征用农民集体所有的土地,这些土地的所有权为国家法定取得,用地人只有使用权。依法直接取得的土地使用权之所以不属于划拨土地使用权的范畴,是因为这类土地不仅有着特殊的历史来源,而且征地费用也须由用地人自行负担。

4.以有偿出让方式设立的土地使用权

以有偿出让方式获得的土地使用权是现实生活中最常见的土地使用权类型。此类土地使用权符合市场经济的发展要求,具有光明的发展前途。

三、创业中的"担保物权"问题

(一)物保与人保并存时的权利行使问题

在创业过程中,资金短缺是创业者最常面临的难题之一,而向银行借款则是解决该问题最常用的手段。通常来讲,银行会接受当事人的动产抵押、不动产抵押、第三人保证等,即出现物保与人保并存的现象[11]。此时,当事人应对银行在物保与人保并存时所行使的权利进行详细的了解,以便对自己的财产做出最优处置。

具体来讲,物保即"物的担保",是指以债务人或第三人的特定财产来担保债权实现的担保方式,包括抵押、质押等。基于这种担保方式的债务人如不履行债务,债权人便可通过对特定财产行使担保权来实现变价受偿。

人保是对"人的担保"的简称,是指由除债务人、债权人之外的第三人,以自身的资产和信誉为债务人的债务提供担保。如债务人不履行债务,就须由第三人负责清偿。

当物保与人保并存时,银行往往会根据三种不同的情况,来选择行使权利的方式:第一,如当事人对物保与人保的关系有所约定,应充分尊重当事人的意思,按照约定实现,以保障当事人的意思自治;第二,如没有约定或约定不明确,但债务人自行提供了物保,应先针对物的担保实现担保权;第三,当约定不明且既有第三人提供物保、又有人保时,应由当事人自行选择。

(二)浮动抵押

大学生在创业初期,往往会面临企业规模小、资金短缺、人脉稀少的局面,在向银行借款时,既难以提供符合银行要求的抵押物,也不容易找到愿意为自己提供保证的第三人。此时,浮动抵押便成了处在创业初期的大学生所能够选择的一条比较好的融资途径。

浮动抵押是指权利人将全部或部分的现有财产和将有财产作为自身的债务担保,如债务人未履行到期债务或发生当事人约定的实现抵押权的情形,债权人就有权约定实现抵押权时的动产优先受偿。

浮动抵押权的设立应满足以下要求:第一,主体为企业、个体工商户、农业生产经营者;第二,浮动抵押的财产应限于生产设备、原材料、半成品、产品等;第三,签订书面协议,且协议内容应包括担保债权的种类和数额、抵押财产的范围、实现抵押权的条件等。

(三)权利质权

融资问题长期限制着中小企业的发展,而行使担保物权则有助于企业融资。《中华人民共和国物权法》中有关权利质权的规定,为中小企业的融资提供了广阔的渠道。债务人或第三人有权处分的可出质权利如图5-4所示。

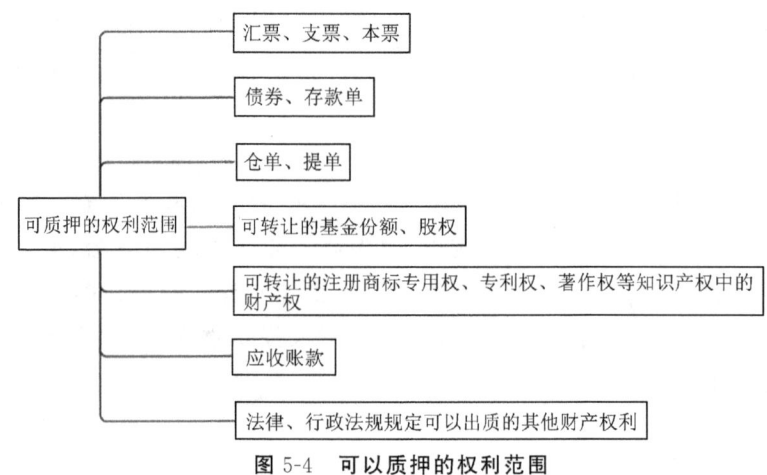

图 5-4　可以质押的权利范围

第三节　大学生创新创业中的知识产权法律问题

大学生在创业过程中,有时不得不面临各种各样的创业风险,尤其在知识产权方面,如果大学生缺乏对相应法律知识的了解,不仅自身的知识产权有可能受到侵犯,还有可能在无意间侵犯他人的知识产权。因此,了解创业中的知识产权保护问题,对大学生而言就显得尤为重要。

一、知识产权概述

（一）知识产权的概念与范围

知识产权是指人们依法对自己特定的智力成果、商业标识及其他相关客体所享有的权利,也是对包括著作权、专利权、商标权等在内的一系列民事权利的统称。1967年,《建立世界知识产权组织公约》明确指出知识产权的客体包括以下内容,如图5-5所示[12]。

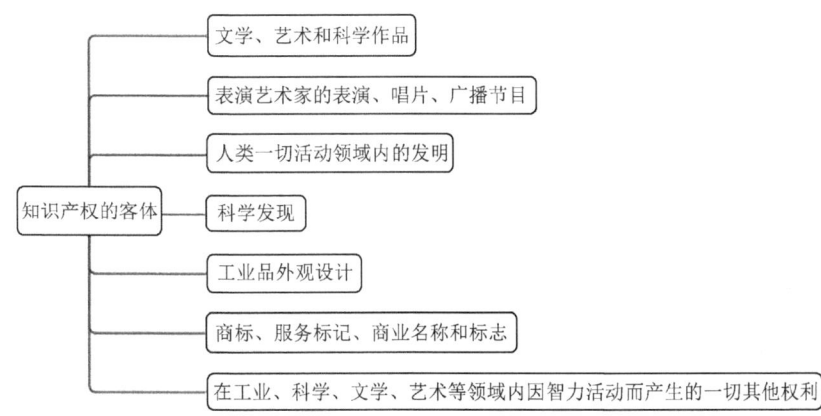

图 5-5 知识产权的客体

（二）知识产权的特征

知识产权具有非物质性、专有性、地域性、时间性等特征，其特征的具体内涵如表 5-1 所示。

表 5-1 知识产权的特征

特征	内涵
非物质性	知识产权的客体一般是指作品、发明、商业标识、外观设计等，这些客体均具有非物质性
专有性（排他性）	未经知识产权人的同意，或非法律规定的特别情况，任何人均不得对知识产权的专有权利实施控制行为
地域性	除非有关于国际条约、双边协定或多边协定的特殊规定，否则知识产权的效力只限于本国境内
时间性	对部分知识产权的保护是有时间限制的，一旦超过了法律规定的期限，知识产权将不再受到保护。在我国，对普通作品著作权的保护期限为作者有生之年至其死后 50 年

（三）知识产权侵权救济的程序保障

与一般民事侵权行为相比，知识产权侵权行为实施起来相对隐蔽、快捷，侵权者所耗费的成本也较低，这就容易造成侵权行为难以查实，且侵权后的恶劣影响极易扩大等问题。鉴于此，多数国家在对知识产权进行立法时，会对知识产权的侵权诉讼问题做出一些特殊规定，以确保权利人能够从程序层面获得及时的救济，维护自身权益。

1.临时措施

临时措施是指法院在对案件做出最终判决之前,提前采取的用以维护当事人利益的措施。《中华人民共和国著作权法》《中华人民共和国专利法》《中华人民共和国商标法》均规定了诉前责令停止侵权、诉前证据保全、诉前财产保全三项临时措施。

2.管辖与时效

民事诉讼的管辖包括地域管辖和级别管辖。地域管辖是指因侵权行为提起的诉讼,应由侵权行为发生地或被告人住所地的人民法院管辖。级别管辖是指有关专利权民事纠纷的一审案件,应由省、自治区、直辖市人民政府所在地的中级人民法院管辖,或由最高人民法院指定的中级人民法院管辖;有关著作权和商标权的民事纠纷,则应由中级以上人民法院管辖。

《中华人民共和国民法通则》规定,一般诉讼时效为 2 年,起始时间为知道或应当知道权利被侵害之日。鉴于知识产权侵权行为具有一定的持续性,因此,最高人民法院对知识产权侵权诉讼的时效做了特殊规定:只要权利人的著作权、专利权、商标权仍在保护期内,即使权利人的起诉行为已超出 2 年时效,法院仍应责令侵权人停止侵权行为,但侵权损害赔偿数额只能从权利人向法院起诉之日起,向前推算 2 年计算。

二、著作权法律问题

(一)著作权的概念与客体

所谓著作权,简单来讲就是基于文学、艺术、科学作品而依法产生的权利,通常被认为是"版权"的同义词。

《中华人民共和国著作权法》所保护的是著作权人在作品方面的权利,因此,对"作品"这一概念的正确理解就成为维护著作权的关键所在。《中华人民共和国著作权法》中的"作品"是指文学、艺术、科学等领域内的,具有独创性且能够以某种有形的形式加以复制的智力成果。也就是说,作品具有三个构成要件:第一,必须是人的智力成果;第二,具有可复制性,能够通过一定的方式表达出来;第三,具有独创性,能够表明为作者的独立创作。

根据表现形式的不同,可以将作品分为以下几种类型,如图 5-6 所示。

第五章 大学生创新创业相关的法律问题研究

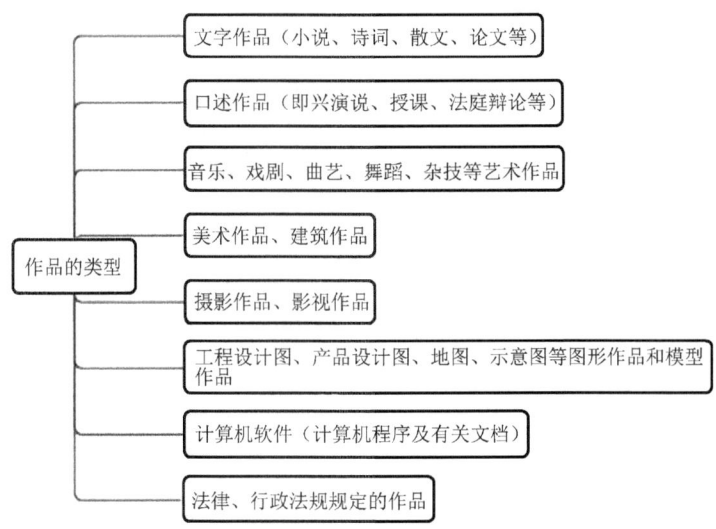

图 5-6 作品的类型

(二)著作权的内容

著作权的内容即著作权人所享有的专有权利的总和,具体包括著作人身权和著作财产权。

1.著作人身权

著作人身权是指著作权人基于作品所依法享有的,以人格利益、身份利益为内容的权利,主要包括发表权、署名权、修改权、保护作品完整权等。著作人身权具有恒久性和专属性,即法律对著作人身权的保护是永久的,不会受到期限限制,且著作人身权为著作权人专有,无法转让和继承(发表权除外)。

2.著作财产权

著作财产权是指著作权人自己使用作品或授权他人以一定方式使用作品,以从中获取物质利益的权利。著作财产权大致包含使用权、获得报酬权两个方面,具体又可被细分为如图 5-7 所示的几项权利。

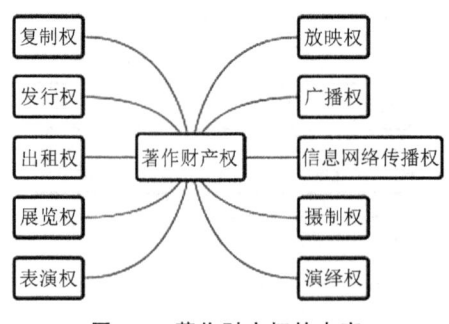

图 5-7　著作财产权的内容

三、专利权法律问题

（一）专利权的概念与特征

所谓"专利"，包含了"公开"和"授予特权"两层含义，而专利的产生最早源于西欧国家对人们投身于发明创造活动的行为的鼓励。专利权是指由国家专利主管机关为专利权人授予的、可在一定时期内实施其发明创造的独占权，属于知识产权的重要组成部分，具有无形性、公开性、法定性、时间性、地域性等法律特征。

（二）专利权的客体

专利权的客体即《中华人民共和国专利法》的保护对象，具体包括发明专利、实用新型专利、外观设计专利三种类型。

1.发明专利

《中华人民共和国专利法》中所指的发明通常为以解决重大技术问题为目的，在对产品、方法等进行改进时所提出的新的技术方案。法律意义上的"发明"需要具备以下条件：第一，是正确利用自然规律的结果；第二，是一种技术方案；第三，能够被稳定、重复地实施。

根据表现形态，可以将发明分为产品发明、方法发明两种类型。发明专利的定义、保护期限、授权条件、创造性要求与作用等如表 5-2 所示。

第五章 大学生创新创业相关的法律问题研究

表 5-2 发明专利介绍

发明专利	介绍
定义	在对产品、方法等进行改进时,所提出的新的技术方案
保护期限	20 年
授权条件	新颖性、创造性、实用性
创造性要求	具有较高的创造性要求
作用	解决生产、生活中的技术问题
审查程序	实行早期公开、迟延审查制度,审查严格
权利内容	未经同意,任何人不得以生产经营为目的,对专利产品进行制造、使用、销售;也不得使用、销售依照该专利方法制造出的产品

2.实用新型专利

实用新型是指为解决一般的实用技术问题,针对产品的形状、构造等提出的新的技术方案。实用新型专利的定义、保护期限、授权条件、创造性要求与作用等如表 5-3 所示。

表 5-3 实用新型专利介绍

实用新型专利	介绍
定义	针对产品的形状、构造等,提出的新的技术方案
保护期限	10 年
授权条件	新颖性、创造性、实用性
创造性要求	注重实用性,相对不强调创造性
作用	解决生产、生活中的技术问题
审查程序	初步审查
权利内容	未经同意,任何人不得以生产经营为目的,对专利产品进行制造、使用、销售、进口

3.外观设计专利

外观设计专利的定义、保护期限、授权条件、创造性要求与作用等如表 5-4 所示。

表 5-4 外观设计专利介绍

外观设计专利	介绍
定义	对产品的形状、图案、色彩等进行的富有美感、适用于工业的新设计
保护期限	10 年
授权条件	新颖性、合法性、区别性
创造性要求	无创造性要求
作用	使产品富有美感,但不具备技术功能
审查程序	初步审查
权利内容	未经同意,任何人不得以生产经营为目的,对专利产品进行制造、使用、销售、进口

(三)专利权的主体

专利人的主体为发明创造人,包括发明人和设计人。发明人是指对产品、方法等的改进提出新的技术方案的人,即发明的完成者;设计人是指实用新型和外观设计的完成者。《中华人民共和国专利法》中所称的发明人或设计人须对发明创造的实质性特点做出创造性贡献,而那些只负责组织工作或从事其他辅助工作的人(如描图员、机械加工员),则不属于发明创造人,即并非专利权的主体。

(四)专利权的内容

已申请专利的发明创造在经过专利行政部门审查后,一旦被批准授予专利权,专利权人就具有了对于该项发明创造的独占权。根据《中华人民共和国专利法》的规定,专利权人享有署名权、禁止权、许可权、转让权、标记权等权利,同时也需要履行缴纳专利年费、不滥用专利权等义务。

四、商标权法律问题

(一)商标的概念与分类

商标是指商品或服务的提供者为了将自己的商品或服务与他人所提供

的同类商品或服务区分开来,而使用的一种标记。

根据能否通过视觉感知,可将商标分为可视性商标和非可视性商标。就目前而言,绝大多数商标属于可视性商标,因此又可按照不同的分类标准,对可视性商标进行详细分类,具体如图 5-8 所示。

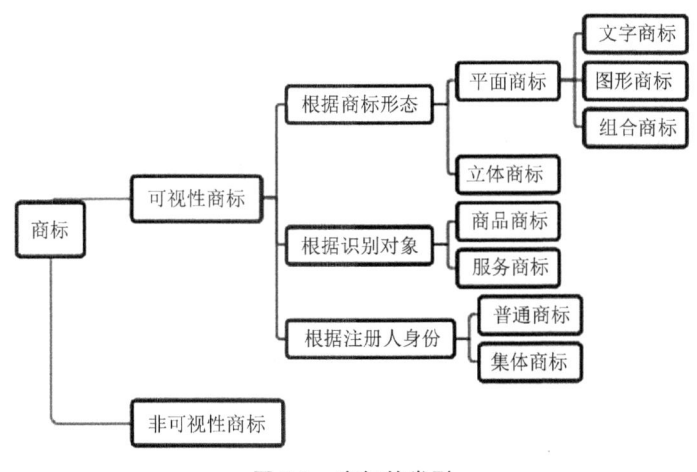

图 5-8 商标的类型

(二)商标申请与注册的原则

1.先申请原则

当同时出现两个或两个以上申请人,申请注册类似商品或服务的商标,且商标相同或相似时,商标注册的权利一般会由先提出申请的申请人获得。但如果两个申请人是在同一天进行申请注册的,则不存在先申请人,而需各方申请人提交其申请注册前在先使用该商标的证据(自收到商标局通知之日起 30 日内),即遵循"使用在先"原则。使用在先原则是对先申请原则的必要补充。

2.优先权原则

如果商标注册申请人的商标曾在外国提出注册申请,而后又在中国以同一商品的同一商标提出注册申请的,其可在首次在外国提出申请之日的六个月内,根据该国与中国签订的协议或共同参与的国际条约,按照相互承认优先权的原则,享有注册商标的优先权。

3.自愿注册原则

除了国家强制规定必须使用注册商标的商品外,其他商品的商标注册均以自愿为原则。目前,必须注册商标的商品只有烟草制品,此类商品如果未经核准注册,将不得在市场上销售。

4.分类申请原则

分类申请原则是指在申请商标注册时,申请人必须以商品和服务分类表为依据,填报使用商标的商品或服务的类别和名称。

5.单一原则

单一原则是指同一注册申请人所提交的一份申请,只能用于一件商标的申报与注册,且该商标所指向的商品或服务必须属于同一类,故而单一原则又被称作"一类商品、一件商标、一份申请"原则。

(三)商标专用权

1.商标专用权的内容

商标专用权是指商标权人在核定使用的商品或服务上,对其所注册的商标进行专有使用的权利。专用权又称"排他权",意为只有权利人才能在特定的范围内使用注册商标,其他人未经允许均不得使用注册商标。

《中华人民共和国商标法》规定,注册商标的专用权应以核准注册的商标、核定使用的商品或服务为限。其中,核准注册的商标是指商标局注册在案的商标,包括文字、图形、字母、数字、三维标志、颜色等要素;核定使用的商品或服务则是指在注册时被核准使用的、属于特定商品类别的具体商品或服务。

2.商标专用权的消灭

商标专用权的消灭即商标权人由于某些法定原因而不再享有商标专用权。一般情况下,造成商标专用权消灭的原因包括以下几种,如图5-9所示。

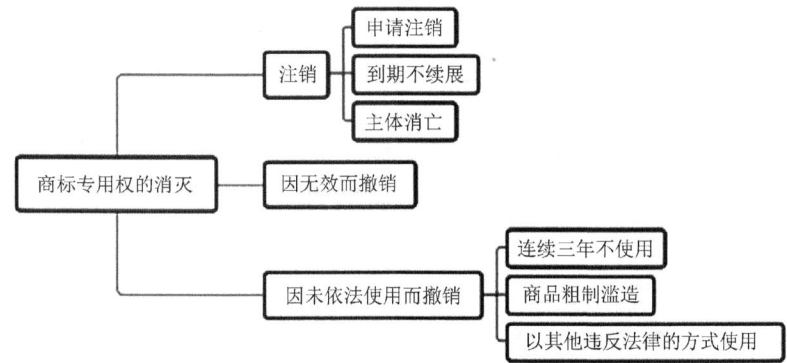

图 5-9 造成商标专用权消灭的原因

第六章　大众创业背景下大学生创业常见的法律问题处理

创业是一项十分复杂的活动，前文已列举了大学生在创业过程中可能会出现的法律风险。在明确创业过程中可能会出现的法律风险后，我们应有针对性地寻找解决方法，并了解常见法律问题的处理方法。本章针对大学生创业过程中常见的法律问题，如企业的组织与设立、依法经营与开展正当竞争、企业的解散与清算及其他常见的法律纠纷，给出了相应的处理方式或建议。

第一节　企业的组织与设立

创业者所从事的生产经营活动，需要依赖于一定的组织形式。"商主体法定"原则要求创业者只能从法律规定的几种创业组织形式中进行选择，而不可任意创造超出法定范围的组织形式。

一、企业的组织形式

在我国，创业组织形式主要包括个体工商户、个人独资企业、合伙企业、公司制企业四种，而除个体工商户外，其余三种均属于企业组织形式。因此，下面将对个人独资企业、合伙企业、公司制企业的组织与设立展开介绍。

（一）个人独资企业

1.个人独资企业的概念

个人独资企业是一种由一名自然人投资，且由该自然人以其个人财产对企业债务承担无限责任的企业形式。由于个人独资企业不具备法人资格，因此在企业名称中不得使用"有限""有限责任""公司"等字样。

2.个人独资企业的特征

(1)投资主体具有唯一性

个人独资企业是由一个自然人出资设立的,这是其与合伙企业、公司制企业等多元投资主体类企业的最根本区别。

(2)投资人必须为自然人

只有自然人才能成为个人独资企业的投资人,法人或其他经济组织、社会团体均无法成为个人独资企业的投资人。

(3)不具备法人资格

由于法律未对个人独资企业提出有关出资额最低限度的要求,且个人独资企业也无须像公司制企业那样,设置权力制衡的治理结构,因此,个人独资企业的财产与投资人的个人财产之间很难划分一个明确的界限,这也使得个人独资企业无法独立地承担法律责任,即不具备法人资格。

(4)在形式上表现为企业

从规模上看,个人独资企业的规模一般不及合伙企业和公司制企业,但究其本质,个人独资企业仍是一个拥有企业名称、生产经营场所、生产经营条件、资金与从业人员的依法设立且从事经营性活动的组织,因此无论规模大小,个人独资企业都仍属于企业的一种类型。

3.个人独资企业的优势

个人独资企业是一种适合创业者在创业初期采用的组织形式,其优势主要体现在以下几个方面。

(1)成立简便

与其他几种企业形式相比,个人独资企业所需的成立资本与维持资本都相对较低,政府对其的约束也会相对宽松。

(2)控制权强

个人独资企业无须建立完整的企业内部治理机制。在企业的整个运营过程中,创业者都将掌握着对企业的绝对控制权和决策权。

(3)灵活度高

创业者可根据市场需求,及时、迅速地调整决策形式与决策内容。

(4)税收优惠

个人独资企业的投资人只需根据其实际收入,缴纳个人所得税即可,而无须缴纳企业所得税,所承担的税收压力相对较小。

4.个人独资企业的劣势

由于个人独资企业的投资人只能是创业者本人,因此,创业者将难以与其他投资人合作,也无法获取新的资本和技术。更为重要的是,创业者需要对企业债务承担无限责任,这也就意味着一旦企业经营不善,创业者不仅要用企业财产来清偿债务,还要将个人的其他财产作为清偿债务的补充。因此,个人独资企业的形式在多数情况下只适用于创业初期。

(二)合伙企业

1.合伙企业的概念

所谓合伙企业,是指由自然人、法人或其他组织担任合伙人,合伙人在订立合伙协议后,共同负责企业的出资和经营,同时共同分享企业的收益、分担企业的风险的一种组织形式。合伙企业同样不具备法人资格,合伙人权利与义务的分配均以合伙协议为依据,且合伙人须对企业债务承担无限连带责任。

2.合伙企业的特征

合伙企业的特征主要包括以下几点:第一,合伙企业必须由两个或两个以上合伙人共同构建,且其中至少有一人为普通合伙人,对企业债务承担无限连带责任;第二,合伙企业为人合企业,即合伙人之间的相互信任是企业运行的保障,合伙人的信用也是企业信用的基础[13];第三,合伙企业不具备法人资格,属于非法人的营利性经济组织,无须缴纳企业所得税;第四,合伙企业是基于合伙协议而建立的,合伙协议是实现合伙企业内部组织与管理的重要依据,规定着合伙人的权利与义务。

3.合伙企业的类型

以合伙人所承担的责任为依据,可将合伙企业分为普通合伙企业、有限合伙企业、特殊的普通合伙企业三种类型。各类合伙企业的合伙人所需承担的责任如表6-1所示。

表 6-1 合伙企业的类型及合伙人应承担责任

类型	合伙人责任
普通合伙企业	所有合伙人均对企业债务承担无限连带责任
有限合伙企业	有限合伙人以出资额为限,对企业债务承担有限责任;其他普通合伙人对企业债务承担无限连带责任
特殊的普通合伙企业	因重大过失导致企业出现债务的合伙人,对企业债务承担无限连带责任;其他合伙人以出资额为限,承担有限责任

4.合伙企业的优势

合伙企业的优势具体表现在以下几个方面:一是成立程序不复杂,费用也不高;二是回报直接,经营所得利润可直接由合伙人共享,能够最大限度地调动合伙人的工作积极性;三是对市场变化的感知较为敏锐,同时拥有较为广泛、灵活的获取资金的渠道与方式;四是具有一定的私密性,即合伙企业无须向社会公开企业的财务状况与运营情况。

5.合伙企业的劣势

合伙企业的劣势主要体现在以下几个方面。

(1)风险较高

无论是普通合伙企业、有限合伙企业还是特殊的普通合伙企业,都需要至少一名合伙人来对企业债务承担无限连带责任。

(2)融资能力较差

合伙企业的融资能力虽稍强于个人独资企业,但与下文即将介绍的公司制企业相比,合伙企业从资本市场获取资金的能力还是较弱的。

(3)退出困难

合伙人要想退出合伙企业,其退出理由须与事先约定好的可退出事由具有一定的相关性,而后还要经过其余合伙人的一致同意,方可退出。

(4)连续性差

任何一名合伙人的退出、破产乃至死亡,都有可能为合伙企业的解散埋下隐患,使合伙企业的可持续发展受到威胁。

(三)公司制企业

公司是一种由股东出资创立的企业形式。股东以出资额为限,对公司债务承担有限责任,而公司则要以全部财产对债务承担责任。根据《中华人民共和国公司法》的规定,有限责任公司、股份有限公司为我国法定的两种公司形式。

1.有限责任公司

(1)有限责任公司的概念

有限责任公司简称"有限公司",是指由一定数量的股东(一般不超过50人)构成,且股东以其认缴的出资额为限对公司承担责任,公司又以其全部资产对公司债务承担责任的公司形式。近年来,有限责任公司的门槛有所降低,越来越多的创业者开始将其作为创业组织形式之一。

(2)有限责任公司的特征

有限责任公司的特征主要包括以下几点:第一,具有独立的法律人格,能够独立地享有民事权利、承担民事义务;第二,股东责任具有有限性,股东只需以出资额为限,对公司债务承担有限责任即可;这有助于最大限度地减少股东因投资失败而遭受的个人财产损失;第三,股东人数有上限要求,即不得超过50人,但没有关于人数下限的规定,因此"一人有限责任公司"的存在是合法的;第四,资本制度的确立较为严格,须符合资本确定、资本维持、资本不变等原则。

(3)有限责任公司的优势

与股份有限公司相比,有限责任公司的创业程序和组织结构相对较为简单,且由于股东人数不多,管理难度也相对较小,能够有效避免股权分散、股东责任感不足等问题。此外,有限责任公司具有一定的封闭性,其财务信息、运营状况均无须向社会公开,有利于商业秘密的保护。

(4)有限责任公司的劣势

有限责任公司的融资能力不及股份有限公司,其股权转让也会受到严格限制。而有限责任公司的封闭性在保护了商业秘密的同时,却也使其脱离了社会各界的监督,造成运营过程的不公开、不透明,规范化程度较低。

2.股份有限公司

(1)股份有限公司的概念

股份有限公司是一种由一定人数的股东依法设立,全部资本被划分为等额股份并由股东认购,股东以其认购的股份为限对公司承担责任,公司以其全部财产为限承担公司债务的公司形式。严格来讲,由于股份有限公司对股东的出资提出了较高要求,因此并不是一种十分适合大学生创业的组织形式。

(2)股份有限公司的特征

股份有限公司主要具有以下特征:第一,设立程序十分严格;第二,以公司所拥有的资本为信用基础,属于典型的资合公司;第三,公司资产均被划分为等额股份,并以股票为外在表现形式;第四,股东人数无上限;第五,具有开放性和社会性,具体表现在经营状况必须公开、可通过公开发行股票的方式募集资金、公司股票可自由转让等方面。

(3)股份有限公司的优势

股份有限公司的运营模式既有利于风险的分散,也有助于资金的筹集,无论是股份转让还是股东变更,都比较容易实现。此外,信息的公开化又在一定程度上加强了公司管理的规范性。

(4)股份有限公司的劣势

股份有限公司的劣势主要包括以下几点:第一,从创立到运营管理的一系列流程都十分复杂;第二,股票的自由流通、股东的流动性容易导致股东责任心的缺失;第三,如果股东在认购股份时存有投机心理,将不利于公司的稳定发展;第四,大股东对公司的操控,有可能迫使垄断局面的形成。

二、企业的设立

企业的设立是指创业者为了使自己创办的企业获得企业经营资格,而依照法定程序所采取的一系列用于创办企业的法律行为。

(一)企业设立概述

1.企业设立的必备条件

根据我国法律规定,企业要想获得经营资格,必须满足以下几项基本条件:第一,生产经营活动的开展是为了满足社会成员的需求;第二,拥有合法的企业名称和固定的生产经营场所;第三,具有符合法律规定最低限额的经济资本;第四,经营范围、经营内容、内部管理制度均符合法律法规的规定。

2.企业设立的审批程序

审批程序并非所有企业都必须经历的一道设立程序。在我国,有些企业要想取得主体资格,就必须贯彻"许可设立"的原则,即该企业的设立不仅要经过申请,还要通过审批,否则将无法取得经营资格,如股份有限公司、国有企业、外商投资企业等;但还有一些企业,法律对其的设立要求为"准则主义"原则,即此类企业只要经过了登记程序,无须审批便可取得企业主体资格,如个人独资企业、合伙企业、一般的有限责任公司等。

3.企业登记程序

企业登记是指创业者依照法律程序,前往企业登记主管部门为企业进行注册登记后,使企业获得法律资格的行为。企业一经注册登记即宣告成立,法人企业将取得法人资格,非法人企业将取得营业资格。企业的营业执照签发之日即企业的成立之日。

(二)个人独资企业的设立

1.个人独资企业的设立条件

个人独资企业的设立需要基于以下条件:第一,投资人是一个自然人,而不是法人或其他经济组织;第二,拥有一个合法的企业名称,所谓"合法"是指企业名称应与其责任形式、经营内容等相契合,且不可违反公序良俗原则;第三,申报与所申报企业的规模相适应的资金;第四,有固定的生产经营场所,能够满足必备的生产经营条件;第五,有一定数量的从业人员。

2.个人独资企业的设立登记

个人独资企业的成立自其营业执照签发之日起。在正式领取营业执照之前,投资人不得以企业名义从事一切经营活动。创业者在申请设立个人独资企业时,须提交一系列相关文件,具体包括由投资人签署的《个人独资企业设立申请书》(图6-1)、投资人的身份证明、生产经营场所的使用证明等。

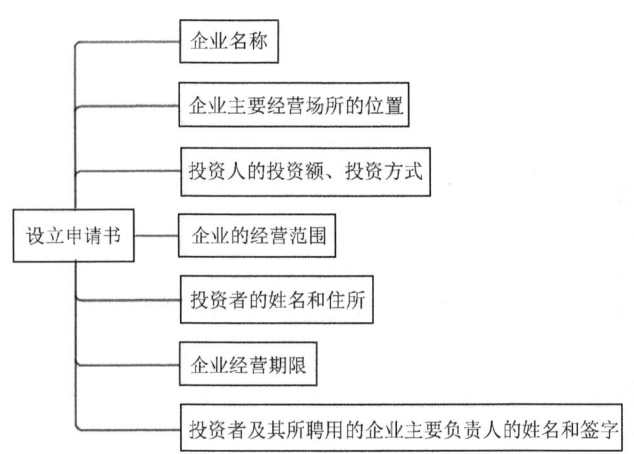

图6-1 《个人独资企业设立申请书》的内容

(三)合伙企业的设立

《中华人民共和国合伙企业法》规定,合伙企业的设立必须满足以下四个条件:第一,有两个或两个以上合伙人,且如合伙人为自然人,必须具有完全民事行为能力;第二,所签订的合伙协议必须以书面形式呈现,书面合伙协议的主要内容如图6-2所示;第三,有合伙人认缴或实际缴纳的出资;第四,企业名称合法,生产经营场所固定。除上述四个条件外,合伙企业的设立还须符合法律、行政法规所规定的其他条件。

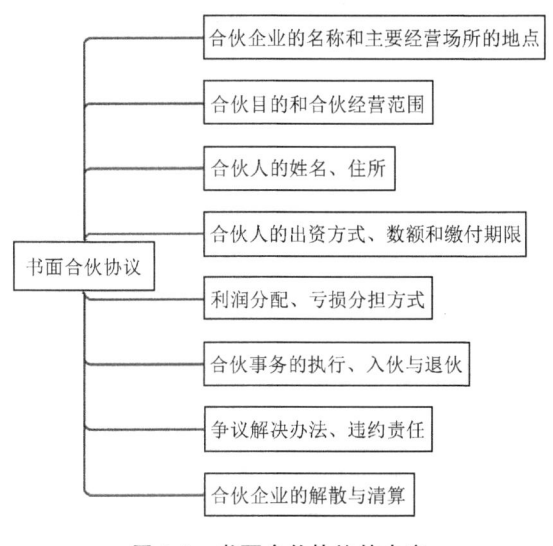

图 6-2 书面合伙协议的内容

(四)有限责任公司的设立

1.有限责任公司的设立条件

有限责任公司的设立需要满足以下条件:第一,股东人数符合法定要求;第二,全体股东认缴的出资额符合公司章程的规定;第三,公司章程由股东共同制定;第四,具有符合有限责任公司要求的组织机构。

2.有限责任公司的设立流程

有限责任公司的设立,大体需要经过股东缴纳出资、验资、设立登记、签发出资证明书四个环节。

(1)股东缴纳出资

股东应按照公司章程所规定的出资额、出资方式和出资时间,及时缴纳出资。公司及按时出资的股东,可依法追究未能按照约定及时交付出资的股东的责任。

(2)验资

所有股东在缴纳出资后,都须经过依法设立的验资机构进行验资,并出具验资证明。

(3)设立登记

全体股东可指定代表或委托代理人,向公司登记机构提交登记申请书、公司章程、验资证明等文件,以申请设立登记。符合条件的公司将由登记机构进行登记,并颁发营业执照。

(4)签发出资证明书

出资证明书又称"股单",是指用以证明股东缴纳出资额的法律文件。有限责任公司一经成立,便应向股东签发出资证明书。

(五)股份有限公司的设立

1.股份有限公司的设立方式

股份有限公司的设立方式主要包括两种:一是发起设立,是指所有股份都必须由发起人认购,而不得面向社会进行公开招募;二是募集设立,即发起人可认购部分股份,剩余部分则向社会公开招募。

2.股份有限公司的设立条件

(1)发起人符合法定人数

股份有限公司的设立发起人应为2~200人,并且其中须有至少一半的发起人在中国境内有住所。

(2)资本达到法定最低限额

《中华人民共和国公司法》规定,股份有限公司的注册资本最低限额为人民币500万元,如法律、行政法规对注册资本最低限额有较高规定的,则须从其规定。

(3)发起人共同制定公司章程

公司章程应由发起人共同制定,并且必须经过股东大会通过后方可生效。股份有限公司的公司章程如图6-3所示。

第六章 大众创业背景下大学生创业常见的法律问题处理

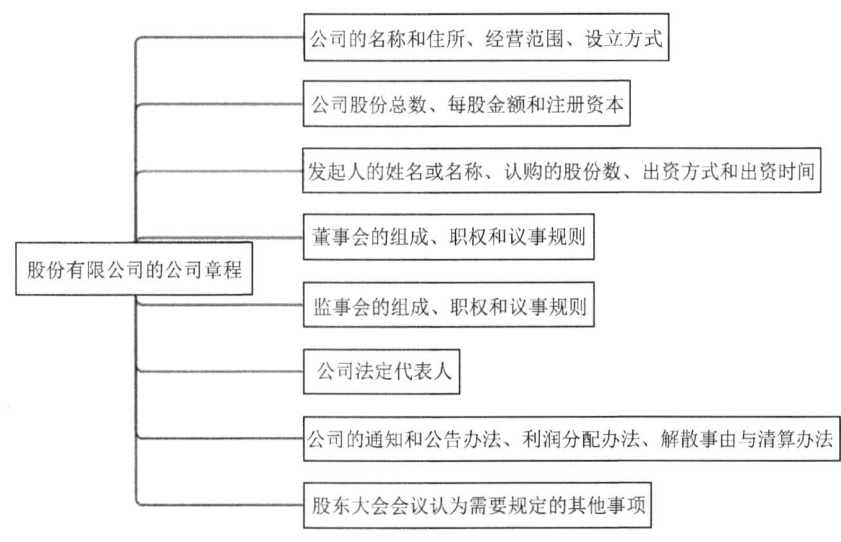

图 6-3 股份有限公司的公司章程

三、不同企业组织的比较与考虑因素

（一）不同企业组织的比较

对于大学生而言，选择哪一种类型的创业组织形式完全属于个人自由。但为了最大限度地规避创业风险，提高创新创业的成功率，在确定企业组织形式之前，大学生最好能够对每一种企业组织形式所需符合的基本要求有一个系统的了解，如法律地位、责任形式、注册资本、出资形式等。不同企业组织形式的比较如表 6-2 所示。

表 6-2 不同企业组织形式的比较

项目	个人独资企业	合伙企业	公司制企业
法律地位	非企业法人	非企业法人	企业法人
责任形式	无限责任	无限连带责任	有限责任
注册资本	创业者申报	合伙协议约定	全体股东认缴
出资形式	个人财产出资	货币、实物、土地使用权、知识产权或其他财产权利、劳务	货币、实物、知识产权、土地使用权等可用货币估价、可依法转让的财产

<续表>

项目	个人独资企业	合伙企业	公司制企业
设立成本与难易程度	成本低,易设立	成本低,易设立	成本高,设立相对容易
财产权属性质	创业者个人所有	合伙人共同所有	法人财产权
出资转让	创业者个人决定	合伙人一致同意	有限责任公司:股东过半数同意;股份有限公司:股份自由转让
经营主体	创业者本人或委托他人	合伙人共同经营或委托经营	董事会及经理
事务决策权	创业者个人	全体合伙人	股东会、董事会、经理
利润分配	创业者个人	全体合伙人	股东出资比例
解散程序	注销	注销	注销并公告
解散后义务	5年内承担责任	5年内承担责任	无

(二)选择企业形式时的考虑因素

1.税收负担

不同的企业组织形式所对应的国家税收政策自然也是不同的。根据我国法律规定,个人独资企业、合伙企业不具备独立的法律主体资格,因此无须缴纳企业所得税,创业者只需缴纳个人所得税即可;而有限责任公司和股份有限公司属于独立的法律主体,必须缴纳企业所得税。税收政策直接关系着创业者的最终收益,因此大学生应将其作为一个重点考量因素。

2.设立条件、费用和程序

不同创业组织形式所需满足的设立条件存在较大差异,在此基础上创业者需要承担的费用及需要经历的程序也必然会有所不同。一般情况下,个人独资企业、合伙企业的设立条件较为宽松,所涉程序也较为简单,同时因创业者所需承担的是无限责任和无限连带责任,因此法律并未对其提出最低注册资本的要求;相比之下,有限责任公司和股份有限公司在设立条件、设立程序、设立费用等方面需满足的要求都远高于以上两种企业组织形式,并且法律上有关于其最低资本额的规定。

3.资本和信用的需求程度

如果创业者拥有足够的资金,且愿意将个人信用作为信用基础,同时预计创业规模并不会在短期内发生明显扩展,那么个人独资企业将是较为适合此类创业者的企业形式。如果创业者拥有一定的资金但还不够充足,同时创业规模会受到各类现实条件的限制,此时,选择合伙企业或有限责任公司的创业形式会更加合适。而如果创业者所经营的事业规模宏大、需要高额资金投入,股份有限公司的创业形式则最为理想。

第二节　依法经营与开展正当竞争

当成功设立企业后,创业者就要开始开展经营活动。企业要依法开展经营活动,要与同类型企业展开正当的竞争,不能为了谋利而使用非法手段或降低产品和服务的质量,否则将面临严重的法律制裁。本节将重点介绍创业者如何依法经营与开展正当竞争,以及在这一过程中遇到某些法律问题时该如何处理。

一、保证产品或服务的质量

(一)生产者对产品质量或服务的责任与义务

生产者对产品质量或服务的责任与义务受到了法律的明文规定,《中华人民共和国产品质量法》规定如下。

对于生产者生产的产品,应当符合以下三方面的要求:

第一,产品不存在危及人身、财产安全的不合理危险;

第二,产品须具备其应当具备的性能,但是,对产品存在使用性能上的瑕疵作出说明的除外;

第三,产品须符合在产品或者其包装上注明采用的产品标准,符合以产品说明、实物样品等方式表明的质量状况。

对于生产者所提供的产品或其包装上的标识,应当符合下列要求:

第一,有产品质量检验合格证明;

第二,有中文标明的产品名称、生产厂厂名和厂址;

第三,根据产品的特点和使用要求,需要标明产品规格、等级、所含主要成分的名称和含量的,要用中文予以标明;

第四,限期使用的产品,应当在显著位置清晰地标明生产日期和安全使用期或失效日期;

第五,使用不当,容易造成产品本身损坏或者有可能危及人身、财产安全的产品,应当有警示标志或者中文警示说明。

(二)销售者对产品质量或服务的责任与义务

生产者生产出来的产品需要由销售者进行销售,销售者是产品流转过程中的重要主体,对产品的质量或服务也承担着一定的责任和义务。法律同样对销售者对产品质量或服务应当承担的责任与义务进行了规定,具体如下。

1.执行进货验收制度

销售者在进行产品售卖前,应当对所售卖的产品进行质量验收,检查产品的各项合格证明或标识是否齐全,即执行进货验收制度。销售者执行进货验收制度不仅能够做到对所销售产品的质量"心中有数",还能够较好地区分自身与生产者的责任。若销售者通过验收制度检验出了产品质量的不过关,则其可将产品退还给生产者;但若销售者没有执行进货验收制度,一旦所销售的产品出现质量问题,就无法分清是生产者的责任,还是自身的责任。

2.保持所销售产品的质量

销售者在将产品或服务售卖给用户、消费者之前,应当根据产品的性质与特点,采取必要的措施进行存储,以保证产品的质量或服务不变质。如果销售者销售的产品通过了进货验收,却因该环节的缺失而导致产品质量或服务出现问题,那么销售者仍应承担一定的责任。

3.销售符合质量要求的产品

销售者要销售质量符合要求的产品,这是其最重要的义务。销售者是连接消费者和生产者的桥梁,其责任重大,因此,《中华人民共和国产品质量法》也对销售者进行了法律层面的规定,具体如下。

第一,销售给用户、消费者的产品未失效、未变质。

第二,销售者所销售产品的标识应符合不得伪造产地,不得伪造或冒用他人厂名、厂址,不得伪造或冒用认证标志、名优标志等质量标志的要求。

第三,销售产品不得掺杂、掺假,不得以假充真、以次充好,不得以不合格产品冒充合格产品。

(三)产品责任的规则原则

1.生产者的无过错责任

生产者的无过错责任是指生产者生产的产品若存在缺陷,造成了消费者的人身或财产损害,那么无论是不是生产者的过错,其都应承担赔偿责任。但生产者的无过错责任并不是绝对责任,《中华人民共和国产品质量法》中规定了三种无须由生产者承担赔偿责任的情况:第一,未将产品投入流通;第二,产品投入流通时,引起损害的缺陷尚不存在;第三,将产品投入流通时的科学技术水平尚不能发现缺陷的存在。

2.销售者的过错责任

销售者的过错责任是指由于销售者的过错使产品存在缺陷,造成人身、财产损害的,或销售者不能证明缺陷产品是生产者或供货者的责任,销售者应当承担赔偿责任。销售者过错责任为推定过错,由销售者承担举证责任。

(四)产品责任的损害赔偿

1.产品责任的求偿权主体

产品的求偿权主体不限于合同的双方,而是扩大到受害人。根据《中华人民共和国产品质量法》的相关规定,当产品存在质量问题,导致他人人身、财产受到侵害时,受害人既可以向产品的生产者要求赔偿,也可以向产品的销售者要求赔偿。若属于产品生产者的责任,产品销售者在承担赔偿责任后,可向产品生产者追偿;若属于产品销售者的责任,产品生产者承担了赔偿责任后,也可向产品销售者追偿。

2.产品责任的赔偿范围及诉讼时效

《中华人民共和国产品质量法》对产品责任的赔偿范围和诉讼时效进行了规定,具体如下。

(1)产品责任的赔偿范围

第一,因产品存在缺陷造成受害人人身伤害的,侵害人应当赔偿医疗费、治疗期间的护理费、因误工减少的收入等费用。

第二,因产品存在缺陷造成受害人残疾的,还应当支付残疾者生活自助费、生活补助费、残疾赔偿金以及由其扶养的人所必需的生活费等费用。

第三,因产品存在缺陷造成受害人死亡的,应当支付丧葬费、死亡赔偿金以及由死者生前扶养的人所必需的生活费等费用。

第四,因产品存在缺陷造成受害人财产损失的,侵害人应当恢复原状或折价赔偿;受害人因此遭受其他重大损失的,侵害人应当赔偿损失。

(2)产品责任赔偿的诉讼时效

第一,因产品存在缺陷造成受害人人身、财产损失,要求赔偿的诉讼时效期限为两年,自当事人知道或应当知道其权益受到损害时开始计算。

第二,因产品存在缺陷造成受害人人身、财产损失,要求赔偿的请求权在造成损害的缺陷产品交付消费者满十年后丧失,但未超过产品上明示的安全使用期的除外。

(五)加强产品或服务质量管理的路径

不同企业对产品质量或服务的要求各不相同,但综合来说,各企业都应从以下几个方面入手,加强对产品或服务质量的管理。

1.把关原材料质量,加强源头防控

原材料是制作产品的基础,只有从产品生产的源头把握好质量关,才能生产出安全可靠的产品。企业应根据自身的实际状况、产品的特性来选择原材料进行生产,利用科学手段来对产品原材料进行管理,避免因盲目使用原材料而导致产品质量出现问题。除此之外,企业还应对产品原材料的储存进行管理,科学合理地选择储存条件并注意不同原材料的储存时限,防止原材料因储存不善而出现质量问题。在使用原材料时,应采取先进先用的原则,避免原材料因长久放置而变质或质量下降。企业的生产监管部门应加强对原材料的质量跟踪监测,在原材料的采购、存储、使用等全过程中对原材料的质量进行检测,发现问题及时反馈,切实把握好原材料质量关。

2.实行市场准入制度,加强流通管理

实行市场准入制度,加强流通管理可从以下几个方面入手。

①实行产品质量认证、认可制度,只允许通过质量认证、认可的产品上市流通,对那些质量不符合标准的产品进行退市处理。

②建立监测制度,在生产全线建立产品质量安全监测点,及时发现不符合质量安全标准的产品并做处理,禁止不符合标准的产品上市流通。

③实行标识管理,对生产的产品进行分级包装,并且在产品包装上标明

产地和生产者。

④推行追溯和承诺制度,从产品生产到销售的每个环节都要有相关承诺,并且要做到各环节产品质量可追溯。

⑤拓展信息传递渠道,集各方力量来追击生产假冒伪劣产品的生产者,对违法生产者进行全国通报,并以此为基础形成信息共享,提高产品质量监管的有效性。

3.完善质量流程管理,加强审查力度

企业应对自己生产的产品设立统一的安全质量标准,并进行统一管理。质量监管要覆盖产品从生产到销售的全过程,并且做到"防检结合、以防为主"。企业要重点将不合格产品"扼杀在摇篮里",提高产品生产的合格率,最终形成一条能够稳定生产合格产品的生产流程。

注意上述问题,企业就能避免很多在经营过程中可能会出现的法律风险,下面将通过一个具体案例做进一步说明[14]。

案例:2013年,李某一家在用高压锅做饭时,高压锅突然爆炸,李某的妻子因被炸裂的锅盖击中头部,抢救无效死亡。经负责高压锅质量检测的专家鉴定,该高压锅爆炸的直接原因是设计问题,即锅盖上的排气孔堵塞。由于高压锅生产厂家距离遥远,李某要求销售该高压锅的商场承担民事赔偿责任,但商场称缺陷不是自己造成的,故拒绝承担赔偿责任。

根据《中华人民共和国产品质量法》的规定,当产品存在质量问题,且造成他人人身、财产受到侵害时,受害人既可以向产品的生产者要求赔偿,也可以向产品的销售者要求赔偿。在本案中,李某向商场要求赔偿是合理的,商场在承担赔偿后可再向生产者追偿。这个案例给创业者的警示是,在生产经营中,一定要严把产品质量关,这样才能把法律风险降至最低。

二、保护消费者权益

企业在生产经营或开展正当竞争时,一定不能忽视的准则就是顾客至上,即要切实保障消费者的各项权利,履行自身应履行的义务,否则就会面临非常多的法律问题,并且需要承担相应的法律责任。下面将对消费者的各项权利、经营者应履行的义务,以及企业若侵犯消费者合法权益应负的法律责任进行具体介绍。

(一)消费者的权利

消费者的权利是指消费者在购买、使用产品或接受服务时应享有的各项权利,具体包括以下几个方面的内容。

1.安全保障权

安全保障权是指消费者在购买、使用产品或享受服务时所享有的保障其人身、财产不受损害的权利,这也是消费者最基本的权利。产品生产者或服务提供者所提供的产品和服务,必须符合保障消费者人身、财产安全的条件。

2.知悉真情权

知悉真情权又称为获取信息权、了解权、知情权,是指消费者享有的知悉、了解其购买、使用的产品或接受的服务的真实情况的权利。经营者应尊重消费者的知情权,将自身生产经营的产品或提供的服务的真实情况告知消费者。

3.自主选择权

自主选择权是指消费者享有的自主选择商品或服务的权利,其主要包括以下几个方面的内容:①选择提供商品或服务的经营者的权利;②选择商品品种或服务方式的权利;③自主选择购买或不购买任何一种商品或服务的权利;④比较、鉴别、挑选商品或服务的权利。自主选择权是《中华人民共和国民法通则》中平等自愿原则的体现。

4.公平交易权

公平交易权是指消费者在与经营者进行消费交易时享有的获得公平交易条件的权利。衡量消费者公平交易权是否得到保障的重要标志为,消费者是否以合理的价格购买到同等价值的产品或服务。

5.依法求偿权

依法求偿权是指消费者在因购买、使用商品或接受服务而受到人身、财产的侵害时,依法享有的要求并获得赔偿的权利。消费者的依法求偿权属于救济性权利,其是弥补消费者所受损害的必要权利。

6.依法结社权

依法结社权是指消费者享有的依法成立维护自身合法权益的社会团体的权利,其主要包含两个方面的内容:第一,消费者有权要求国家或政府建立保障消费者合法权益的职能部门;第二,消费者有权自己建立组织。当大量消费者被同一个生产经营者侵害时,通常会利用此项权利来向企业"讨说法"。

7.接受教育权

接受教育权是指消费者所享有的获得有关消费和消费者权益保护方面的知识的权利。该权利是从知悉真情权中引申出来的权利,消费者只有了解自己所拥有的权利,才能在权利受到损害时及时察觉,并保护自己的合法权利。

8.获得尊重权

获得尊重权是指消费者在购买、使用商品和接受服务时所享有的人格尊严、民族风俗习惯等得到尊重的权利,以及消费者个人信息依法得到保护的权利。获得尊重权的出现体现了一个社会的文明进步。

9.监督批评权

监督批评权是指消费者对商品、服务,以及消费者保护工作进行监察和督导的权利。生产经营者应合理利用消费者的该项权利,让消费者对自身生产经营的产品或提供的服务进行监督,从而帮助自身提高产品或服务质量。

(二)生产经营者应履行的义务

生产经营者应履行的义务包含法定的义务和约定的义务,其中法定的义务是指《中华人民共和国消费者权益保护法》和其他相关法律规定的生产经营者应履行的义务;约定的义务是指生产经营者与消费者之间约定的义务。需要注意的是,双方的约定不能违反我国相关的法律法规。下面主要介绍生产经营者应履行的法定义务。

1.听取意见和接受监督的义务

生产经营者听取意见和接受监督的义务是与消费者权利中的监督批评权相对应的,主要是指生产经营者应通过各种方式接受消费者的监督和批评,从而提升自身生产经营的产品或提供的服务的质量。生产经营者听取意见和接受监督的途径主要有与消费者面对面沟通、书面征询消费者意见、从新闻媒介渠道了解、设立意见箱、投诉电话等。

2.保障人身和财产安全的义务

生产经营者保障人身和财产安全的义务与消费者权利中的安全保障权相对应。《中华人民共和国消费者权益保护法》中对生产经营者应履行的保障人身和财产安全的义务进行了规定，主要包含以下几条。

①确保商品或服务符合安全要求，对可能危及人身、财产安全的商品和服务，应当向消费者做出真实的说明和明确的警示，并说明和标明正确使用商品或接受服务及防止伤害的方法。

②宾馆、餐馆、车站、机场等人流密集场所的经营者，应当对消费者尽到安全保障义务。

③经营者在发现其提供的产品或服务有缺陷，有可能危及消费者人身、财产安全时，应当立即向有关行政部门报告，同时告知消费者，并采取停止销售、警示、召回等措施。

3.提供真实信息的义务

生产经营者有义务向消费者提供真实的信息，这与消费者权利中的知悉真情权相对应。生产经营者提供真实信息的义务包含以下三个方面的内容。

①生产经营者要向消费者提供其所生产经营商品或提供服务的真实信息，包含产品质量、性能、用途、使用期限、服务范围等，不得进行虚假宣传或在宣传中误导消费者。

②当消费者对其所购买的商品或享受的服务提出疑问时，生产经营者应做出真实、明确的回答。

③生产经营者应当对产品或服务明码标价。

4.标明真实名称和标记的义务

标明真实名称和标记的义务是指生产经营者应标明自身真实名称和标记；租赁他人场地或柜台的生产经营者应标明自己的真实名称和标记，不能冒名顶替他人的名称和标记。

5.出具相应凭证和单据的义务

在以下三种情况中，生产经营者应当履行出具相应凭证和单据（包括发票、收据、报修单等）的义务。

①国家相关法律、法规、章程等规定需出具的凭证和单据。

②商业惯例要求出具的凭证和单据。

③消费者索要购物凭证或服务单据。

6.保证商品和服务质量的义务

生产经营者保证商品和服务质量的义务主要包含以下几个方面的内容。

①生产经营者提供的商品或服务应具有适用性,能够满足消费者的消费需求。

②生产经营者应保证所生产售卖的商品或提供的服务与以广告、产品说明、实物样品等方式表明的产品或服务的质量相符。

③生产经营机动车、计算机等耐用商品的生产经营者或提供装饰、装修服务的经营者,如消费者在接受商品或服务之日起的六个月内发现质量问题,导致争议的发生,经营者须承担相关的质量问题举证责任。

需要注意的是,如果消费者在购买商品或服务前已经知道其存在质量问题,且该质量问题不违反法律强制性规定,经营者可不受上述义务约束。

7.不得从事不公平、不合理的交易的义务

生产经营者不得从事不公平、不合理的交易的义务与消费者权利中的公平交易权相对应。生产经营者不得从事不公平、不合理的交易的义务主要是指生产经营者不得以条款、通知、店堂告示等方式做出限制消费者权利、减轻或免除经营者责任等对消费者来说不公平、不合理的规定,除此之外,生产经营者也不能利用格式条款或借助技术手段强制消费者进行交易。

8.不得侵犯消费者的人格尊严和人身自由的义务

生产经营者不得侵犯消费者的人格尊严和人身自由的义务与消费者权利中的获得尊重权相对应。生产经营者有义务保障消费者的人身自由和人格尊严不受侵犯,具体不得出现以下行为:①对消费者进行人格侮辱、诽谤;②不经消费者同意搜查消费者的身体及其携带物品;③限制消费者的人身自由。

(三)侵犯消费者合法权益应负的法律责任

当生产经营者侵犯消费者的合法权益时,就要承担一定的法律责任。根据侵犯形式和严重程度的不同,生产经营者可能会承担民事责任、行政责任甚至是刑事责任。由此,生产经营者在经营或竞争中应当依法或按照约定履行相应的义务,保障消费者的合法权益,这样才能使企业长久发展,赢得消费者的喜爱。

三、企业安全生产

针对企业的安全生产,《中华人民共和国安全生产法》规定了三项制度,分别为生产经营单位安全生产责任制度、安全生产检查制度、安全生产教育与培训制度。企业若能按照这三项制度规定进行生产经营,那么就可以避免一些可能存在的法律风险。下面将对这三项制度进行具体介绍。

(一)生产经营单位安全生产责任制度

生产经营单位安全生产责任制度是指在劳动生产过程中,生产经营单位内部的各相关负责人、职能部门、工程技术人员、岗位操作人员对安全生产层层负责的制度。不同的人员和部门有不同的负责范围,他们各司其职,共同保障生产经营单位的安全生产。安全生产责任制是我国最基本的安全制度,也是企业安全生产和劳动保护管理制度的核心。

(二)安全生产检查制度

安全生产检查制度是指依法享有检查权的机构、组织或个人,依据安全生产法规对生产经营单位贯彻执行安全生产法律法规情况及安全生产条件、设备设施安全和作业场所职业卫生情况进行检查的制度。

安全生产检查的主体是多元的,主要有国家相关行政机关、社会、企业和群众。企业要虚心接受相关的安全生产检查,借助多方力量促进自身的安全生产。

(三)安全生产教育与培训制度

安全生产教育与培训制度是指企业为了提高员工的安全生产意识,向其普及安全生产相关知识,使其掌握安全操作技术和执行安全生产法规的相关要求所进行的教育与培训制度。安全生产教育与培训从内容上划分,可被分为以下四类。

①安全技术知识教育与培训,主要是指企业应对员工进行安全技术知识的教育与培训。

②安全生产规则的教育与培训,主要是指企业应对员工进行安全生产规则的教育与培训。

③安全法制教育与培训,主要是指企业应对员工进行职业卫生法规教育与培训。

④典型经验和事故教训,主要是指企业应向员工宣传典型的安全生产经验,并教导员工从以往的安全事故中吸取经验。

四、公平竞争、合法经营

企业经营应当秉持公平竞争、合法经营的原则,不正当的竞争行为、限制竞争行为都会影响企业的声誉,情节严重者还需承担相应的法律责任。下面将具体介绍不正当竞争行为和限制竞争行为的内涵,以及企业采用不正当竞争行为应负的法律责任,帮助创业者分辨什么是不正当的竞争行为,从而规范自身的行为。

(一)不正当竞争行为

不正当竞争行为主要是指违反商业道德、诚实信用原则、善良风俗等的竞争行为。《中华人民共和国反不正当竞争法》中列举了 7 种不正当竞争行为,如图 6-4 所示。

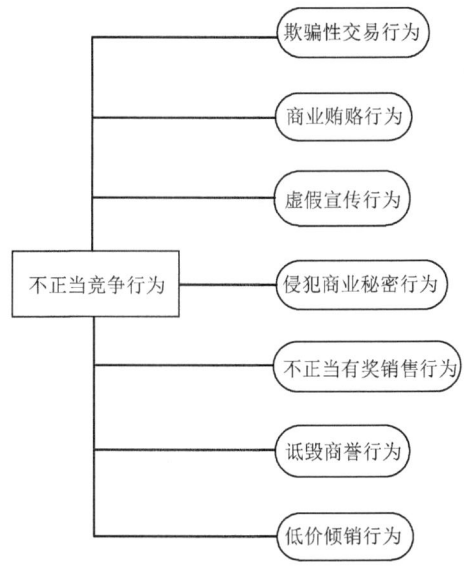

图 6-4 《中华人民共和国反不正当竞争法》规定的不正当竞争行为

(二)限制竞争行为

限制竞争行为是指经营者滥用其市场支配地位、政府及其所属部门滥用其行政权力或经营者相互之间通过合同、协议及其他方式排除竞争或损害竞争对手利益的行为。《中华人民共和国反不正当竞争法》和国家市场监督管理总局《关于禁止公用企业限制竞争行为的若干规定》规定了以下四种限制竞争行为,如图 6-5 所示。

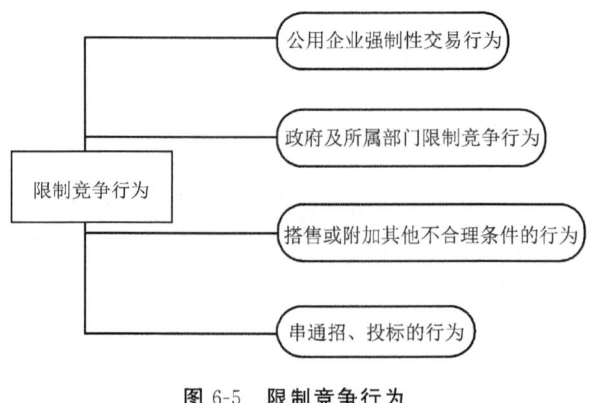

图 6-5　限制竞争行为

（三）采用不正当竞争行为应负的法律责任

企业若违反《中华人民共和国反不正当竞争法》的规定，采用不正当竞争行为与竞争对手展开竞争，就要承担相应的法律责任，具体如下。

①经济赔偿责任：经营者若违反法律规定，采用不正当竞争行为，且对被侵害的经营者造成了实际损害，其必须承担经济赔偿责任。

②行政责任：包括责令停止违法行为、责令改正、消除影响、吊销营业执照等形式。

③刑事责任：对其他经营者、消费者和社会经济秩序损害严重、情节恶劣的不正当竞争行为，相关经营者要承担刑事责任。

第三节　企业的解散与清算

当企业无法继续维持时，就要宣告解散并进行清算，这中间会涉及众多程序和法律问题。本节以企业的解散与清算为主要内容，先介绍企业解散与清算的内涵，再分别列举不同企业是如何进行解散与清算的。

第六章　大众创业背景下大学生创业常见的法律问题处理

一、企业解散与清算的内涵

（一）企业解散

1.企业解散的内涵及事由

企业解散是指企业因法定或本身不能存续的事由出现，而停止经营活动、退出市场，主体资格终止并走向消灭的法律行为。造成企业解散的事由有很多，主要有企业章程或协议规定的企业经营期限届满；非法人企业的投资者或法人企业的决策机构决定解散企业；企业因合并或分立的变更而解散；法人企业因不能清偿到期债务，破产解散；企业因违反法律、行政法规情节严重，被依法执行解散等。

2.企业解散后的法律后果

企业一旦解散，将会面临如下法律后果。
（1）经营资格丧失
虽然企业解散后，其作为经济组织的经营资格丧失，但对于法人企业而言，在解散阶段，相关法人的法人资格并未立即终止；非法人企业进入解散阶段其经营资格也并非立即终止，可继续进行与清理债权债务相关的活动。
（2）解散后必须进行清算
除因合并、分立而解散外，企业在宣布或被迫解散后，必须要通过清算程序来处理其财产和债务。没有经过合法清算程序的企业不得注销。

（二）企业清算

企业清算是指在企业宣布解散后，依法对解散的企业进行业务了结、财产清理、收取债权、清偿债务、分配剩余财产、分担未偿债务等活动的法律行为。清算是企业到国家市场监督管理总局进行注销前必须进行的程序。企业的清算必须成立清算组，由清算组开展清算工作，代表公司执行机构对内执行清算事务，对外代表公司行使职权。清算组在完成清算工作后应编制清算报告，并上交给企业决策机构或投资人予以确认。

二、个人独资企业的解散与清算

个人独资企业是指由个人出资经营，并由个人承担风险和享有全部收益的企业。下面将具体介绍个人独资企业的解散与清算事项。

(一)个人独资企业的解散

《中华人民共和国个人独资企业法》规定,个人独资企业出现下列情况时,应当解散:①投资人决定解散;②投资人死亡或宣告死亡,无继承人或继承人决定放弃继承;③被依法吊销营业执照;④法律、行政法规规定的其他情形。

(二)个人独资企业的清算

《中华人民共和国个人独资企业法》对个人独资企业的清算也进行了规定,具体如下。

1.通知和公告债权人

根据《中华人民共和国个人独资企业法》规定,个人独资企业的清算既可由投资人自行清算,也可由债权人申请人民法院指定的清算人进行清算。若投资人决定自行进行清算,应在清算开始前15日内书面通知债权人,无法通知的,应当予以公告。而债权人应在接到清算通知之日的30日内,未接到通知的应在公告之日60日内,向投资人申报其债权。

2.财产清偿顺序

个人独资企业解散后,清算过程中的财产清偿应当按照如下顺序进行:第一,清偿所欠员工的工资和社会保险费用;第二,清偿所欠税款;第三,其他债务。当个人独资企业的财产不足以清偿债务时,投资人需用其个人财产进行清偿,但若债权人在5年内未向投资人提出偿债请求,该责任消灭。

3.清算期间对投资人的要求

在清算期间,个人独资企业不能再进行与清算目的无关的经营活动。在按照财产清偿顺序清偿债务前,投资人不得转移、隐匿财产,否则就要承担相应的法律后果。

4.投资人的相关法律责任

投资人在清算过程中可能会承担的法律责任如下。

①投资人在清算前或清算期间转移、隐匿财产,逃避债务的,要被依法追回财产,并受到一定的处罚,构成犯罪的,要被依法追究刑事责任。

②投资人如违反《中华人民共和国个人独资企业法》的规定,应当承担民事赔偿责任并缴纳罚款,其财产不足以支付的,或被判处没收财产的,应当先承担民事赔偿责任。

5.注销登记

投资人自行清算或人民法院指定的清算人在清算结束后,需编制清算报告,并在完成清算之日起的15日内向原登记机关申请注销登记。个人独资企业申请注销登记需要提交以下材料:①投资人或清算人签署的注销登记申请书;②投资人或清算人签署的清算报告;③上缴营业执照;④国家市场监督管理总局规定提交的其他材料。

登记机关会在收到全部材料之日起的15日内,做出核准登记或不予登记的决定。若予以核准,则会发放核准通知书;若不予核准,会发放企业登记驳回书。自登记机关注销登记之日起,个人独资企业终止。

三、合伙企业的解散与清算

《中华人民共和国合伙企业法》对合伙企业进行了如下定义:依照本法在中国境内设立的由各合伙人订立合伙协议、共同出资、合伙经营、共享收益、共担风险,并对合伙企业债务承担无限连带责任的营利性组织。下面将具体介绍合伙企业的解散与清算事项。

(一)合伙企业的解散

依照《中华人民共和国合伙企业法》,合伙企业出现下列情形之一时,应当解散:①期限届满,且各合伙人不愿继续经营;②合伙协议约定的解散事由出现;③全体合伙人决定解散;④合伙人的人数已不满足法定要求;⑤合伙协议约定的合伙目的已经实现或无法实现;⑥被依法吊销营业执照、责令关闭或被撤销;⑦出现法律、行政法规规定的合伙企业解散的其他原因。

(二)合伙企业的清算

1.清算人

合伙企业的清算人由全体合伙人担任。经全体合伙人过半数同意,可以自合伙企业确定解散后15日内指定一个或数个合伙人,或委托第三人担任清算人。若合伙企业确定解散后15日内未确定清算人,合伙人或其他利害关系人可以申请人民法院指定清算人。

2.清算人的职责与法律责任

清算人在合伙企业清算期间的职责包括以下几点：①清算合伙企业财产，分别编制资产负债表和财产清单；②处理与清算有关的合伙企业未了结的事务；③清缴所欠税款；④清理债权、债务；⑤处理合伙企业清偿债务后的剩余财产；⑥代表合伙企业参与民事诉讼活动。

清算人在合伙企业清算期间所承担的法律责任包括以下内容：清算人如在执行清算事务的过程中，牟取非法收入或侵占合伙企业财产，应当将该收入和侵占的财产退还合伙企业；若因该行为给合伙企业或其他合伙人造成损失，则须依法承担赔偿责任。

3.清算程序

清算人确定后，自确定日起 10 日内应将合伙企业解散事项通知合伙企业的债权人，并且要在 60 日内在报纸上予以公告。债权人自接到通知书之日起 30 日内，未接到通知书的自公告之日起 45 日内，向清算人申报债权。清算人应对债权人申报的债权进行登记，并仔细了解债权的有关事项，并要求债权人提交证明材料。

在清算结束后，清算人需编制清算报告。经全体合伙人签名、盖章后，在 15 日内向企业登记机关报送清算报告，申请企业注销登记。

4.清偿顺序

合伙企业解散后，清算过程中的财产清偿应当按照如下顺序进行：①支付清算费用；②清偿所欠员工的工资和劳动保险费；③清偿所欠税款；④退还合伙人的出资。

需要注意的是，若合伙企业的财产在清偿完前三项债务后还有剩余的，才进行第四项，并且需按照约定或法定的比例分配给原合伙人；若合伙企业的财产不足以偿还前三项债务，原合伙人共同承担无限连带责任。

四、外资企业的解散与清算

（一）外资企业的解散

外资企业出现下列情形之一时，应当解散：①经营期限届满；②由于经营不善造成严重亏损，外国投资者决定解散；③因自然灾害等不可抗力而遭受严重亏损,无法继续经营;④破产;⑤因违反中国法律法规、危害社会公共利益而被依法撤销;⑥外资企业章程规定的其他解散事由出现。

(二)外资企业的清算

外资企业若出现上述中的②③④所列情形解散的,应当自行提交终止申请书,并报审批机关审批;若出现①②⑤⑥所列情形解散的,应当在解散之日起15日内对外公告并通知债权人,并在解散公告发出之日起15天内,提出清算程序、原则和清算委员会人选,报审批机关审批后进入清算程序。外资企业清算结束后需向工商行政管理机关申请注销登记,注销营业执照。

清算委员会的成员应当包括外资企业的法定代表人、债权人代表及有关主管机关的代表,另外还需聘请中国的注册会计师、律师等专业人士参与清算。

外资企业清算结束前,外国投资者不得将该企业的资金汇出或携带出中国境外,不得自行处理企业财产。

外资企业应优先支付清算费用,清算结束后,清算净收益即清算所得,需依法缴纳所得税。在支付完清算费用和依法缴纳所得税后的剩余财产,外资企业应按照章程的规定进行分配。外资企业清算处理财产时,同等条件下,中国的企业或其他经济组织有优先购买权。

第四节 常见的法律纠纷处理

法律纠纷是指由法律来调整的各种社会关系之间的纠纷。大学生在创业过程中可能会遇到各种问题,难免会与其他社会关系产生纠纷,并且部分还为法律纠纷。本节以大学生创业过程中常见的法律纠纷处理为重点内容,先介绍大学生创业中常见的法律纠纷类型,接着介绍大学生创业中常见的法律纠纷的预防措施,最后给出了大学生创业中常见的法律纠纷的处理方法。

一、大学生创业中常见的法律纠纷类型

(一)劳动争议

劳动争议是指劳动关系当事人因劳动权利义务发生分歧而引起的争

议。下面将从三个方面对劳动争议进行具体的介绍。

1.劳动争议的主体

根据劳动争议的定义,劳动争议的主体主要为以下几类:①中国境内的企业与职工;②个体工商户与帮工、学徒;③国家机关、事业单位、社会团体与本单位的工勤人员,以及与之建立劳动关系的非工勤人员;④军队、武警部队的机关、事业组织、企业与无军籍职工;⑤用人单位与一部分离退休人员及其聘用的离退休人员等。

2.劳动争议的分类

根据不同的分类方式,劳动争议可被分为如图 6-6 所示的类型。

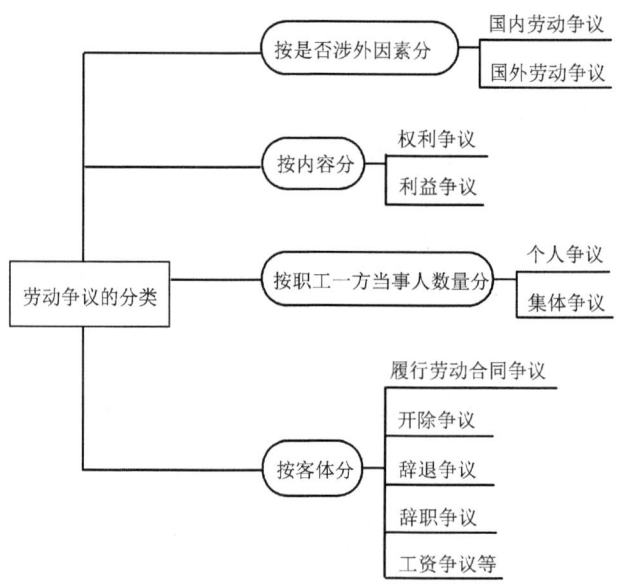

图 6-6　劳动争议的类型

3.劳动争议的具体内容

《中华人民共和国劳动争议调解仲裁法》中对劳动争议的内容进行了如下界定:①因确认劳动关系发生的争议;②因订立、履行、变更、解除和终止劳动合同发生的争议;③因除名、辞退和辞职、离职发生的争议;④因工作时间、休息休假、社会保险、福利、培训及劳动保护发生的争议;⑤因劳动报酬、工伤医疗费、经济补偿或赔偿金等发生的争议;⑥法律、法规规定的其他劳动争议。

4.劳动争议的处理

当劳动争议发生时,一般会通过以下两种方法处理。

第一,劳资双方自行解决。该方法在劳动争议的处理中较常使用,主要是指劳资双方在平等的地位上就彼此争议的问题和焦点进行协商,从而使争议得到解决。

第二,第三方参与解决。当劳资双方协商不能达成一致或其中一方不愿协商时,就要借助第三方的力量来解决劳动争议。通常来说,劳动争议中的第三方参与主要是指调解、仲裁和诉讼。第三方在处理过程中,应遵循以下原则[15]。

①合法原则。合法原则要求第三方处理机构在处理劳动争议时,要以法律为准则,并遵循法定程序进行争议处理。

②公平和平等原则。公平和平等原则要求第三方处理机构在处理劳动争议时,要公平、平等地对待双方当事人,不得有任何偏移。法律面前人人平等,争议双方应该受到法律的平等保护。

③调解原则。调解原则是指调解要贯穿于劳动争议第三方参与处理的全过程。调解是处理劳动争议的首要方式,无论是企业调解委员会还是仲裁委员会、法院,在处理劳动纠纷时,都要先进行调解,调解不成才会使用裁决或判决。

④及时处理原则。及时处理原则要求第三方处理机构在处理劳动争议时,要在法律和相关条例规定的时间范围内受理、审理、结案,不得违背时限要求。

(二)经济纠纷

经济纠纷是指发生在市场主体之间的,由于一方或双方违反法律规定或依法生效的合同,损害对方合法利益而引起的经济争议。下面主要介绍经济纠纷的种类和经济纠纷的处理。

1.经济纠纷的种类

经济纠纷可被分为合同纠纷、经济侵权纠纷两大类,其中合同纠纷是经济纠纷的主要类型,这是因为合同是平等的市场主体之间确立交易关系、共同实施交易行为、追求和实现经济目的的法定和普遍形式。经济纠纷的具体类型如图 6-7 所示。

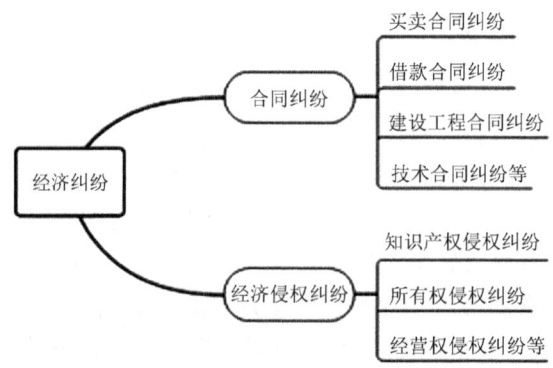

图 6-7 经济纠纷的类型

2.经济纠纷的处理

当经济纠纷发生时,可通过以下途径处理经济纠纷。

(1)协商

协商是指在经济纠纷发生后,双方当事人本着互惠互利的原则,相互体谅,通过协商的方式来圆满解决经济纠纷,最终达成一致意见的行为。协商具有便利、及时、不伤和气的特点,经过协商达成的协议当事人双方均会自愿履行,这样有助于纠纷的顺利解决。但同时协商也存在一定的缺点,第一是没有第三方参与,当事人双方容易各抒己见,影响协议达成;第二是最终达成的协议虽然有约束力但没有强制执行力,若有一方不再自觉履行协议,争议就会再次发生。

(2)调解

调解是指当事人双方无法通过协商自行解决纠纷,从而借助第三方从中调和,最终促进双方达成协议、解决纠纷的行为。与协商相比,调解的优点在于有客观的第三方帮助当事人双方分辨是非,从而促进协议的达成。但是,经普通第三方调解最终达成的协议也只具有约束力,没有强制执行力,只有由国家机关进行的调解才是具有法律效力的。

(3)仲裁

仲裁是指根据当事人双方事前或事后达成的仲裁协议,申请依法设立的仲裁机构对经济纠纷进行公平合理的调解或裁决。仲裁可不考虑当事人双方的意见,只根据相关法律或约定独立裁决,仲裁裁决具有强制执行力。

(4)诉讼

诉讼是指当事人双方无法通过上述三种途径解决经济纠纷时,通过向有管辖权的人民法院提起诉讼,并在法院的主持下达成调解协议或由法院依法做出判决的纠纷解决方式。诉讼的裁判机构是拥有国家审判权的法院,其会根据事实和法律对当事人的争议做出裁决。

二、大学生创业中常见的法律纠纷的预防措施

无论何种纠纷,处理起来都会耗时耗力,并会给企业带来一定的负面影响。因此,大学生创业者应最大限度地将可能遇到的法律纠纷扼杀在摇篮里,积极对其进行预防,具体可从以下几个方面入手。

(一)通过书面协议明确创业伙伴之间的权利义务

许多大学生创业者在创业初期会寻找自己的亲朋好友一起创业,这些亲朋好友通常是创业者身边最值得信赖的人,他们能够和创业者同心协力,这在一定程度上提高了创业的成功率,但也同样会带来一定的法律纠纷隐患。部分大学生创业者认为亲朋好友是自己最信赖的人,因此不必采用书面协议的方式对彼此的出资、责任、义务、权利等进行约定,大家口头约定、商量即可。还有一部分大学生创业者认为分享利益、承担债务等都是以后才需要考虑的事情,在创业初期不必进行约定。这些想法均是错误的。

为了有效规避以后可能会出现的法律纠纷,大学生创业者要在创业初期通过具有法律效力的书面协议来保护创业各方的合法利益。通常,书面协议应明确规定以下内容:①各合伙人占创业事项的利益比例;②各合伙人应承担的债务比例;③各合伙人的工作内容;④如何引入新的创业伙伴和退出机制。

(二)正确选择企业的组织形式

大学生创业者由于缺乏相关经验并对企业的组织形式不够了解,在创业初期往往会认为只要有了合适的项目,随便找个地方成立工作室就可以开始创业了,这就会为创业埋下较大的法律风险隐患,继而引发法律纠纷。因此,如何选择正确的、适合自己的企业组织形式一直都是大学生创业者在创业前需要仔细考虑的问题。

我国目前的企业组织形式主要有公司制、合伙制和个体工商户。通过对比,更推荐大学生创业者采用公司制的形式进行创业。合伙制和个体工商户这两种组织形式对创业者的保护力度较小,一旦创业失败,创业者就要对创业组织的债务承担无限连带责任,风险较大。而公司制下的创业者只是公司的股东,只需要根据自己的出资额承担有限责任即可。

公司的分类如图 6-8 所示。一般来说成立股份有限公司的门槛较高,

大学生创业者较难企及,而有限责任公司的门槛较低,比较适合大学生创业者。需要注意的是,选择一人有限公司,创业者需承担的法律风险也比较大,根据《中华人民共和国公司法》规定,一人有限公司的股东必须将公司财产和个人财产厘清,否则在公司承担大量债务时,可能导致创业者承担无限连带责任。由此可知,多人有限责任公司是最适合大学生创业者的组织形式,因为创业者只需以其认缴的出资额为限对公司承担责任。

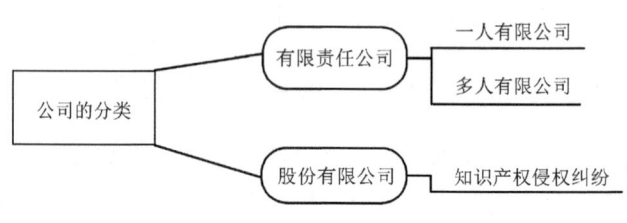

图 6-8　一般公司的分类

另外还需注意的是,成立公司需要一定的注册资金。部分创业者为了证明公司的实力,往往会选择比较高的注册资金,但由于一时拿不出足够的资金,就想出请工商注册服务机构帮自己办理手续,让其在验资时利用某些手段做假验资,这样很容易触犯《中华人民共和国刑法》,构成抽逃资金罪。在 2013 年底,国家就出台了相关政策鼓励创业,放宽了对注册资金的管理,变实缴为认缴,因此,大学生不必犯险提高自己的注册资金。

(三)避免劳资纠纷

部分大学生创业者在创业初期都是采用工作室的形式,聘请员工也不与员工签订正式的劳动合同,缺乏劳动者、用人单位的劳动法律意识,从而为之后的劳资纠纷埋下隐患。《中华人民共和国劳动合同法》规定,只要在中华人民共和国境内的企业、个体经济组织、民办非企业单位等组织和劳动者成立了劳动关系,就都要签订书面的劳动合同,并为劳动者购买社会保险。企业若违反此项规定,就要承担相应的法律制裁。因此,创业者要与员工签订书面的劳动合同,为员工购买劳动保险,避免以后可能发生的劳资纠纷。

一些企业主对劳动合同存在误解,认为一旦与员工签订劳动合同,就要对劳动者终身负责,这是一种非常错误的观念。劳动合同更多的是对企业的保护,若企业与员工签订劳动合同,当企业对劳动者感到不满意时,完全可以根据劳动合同的相关规定与劳动者合法解除劳动关系。但若企业没有和劳动者签订劳动合同,双方对彼此不满都可能因缺乏具有法律效力的劳动合同而法庭相见。

为员工缴纳社会保险也是对企业的保护。法律规定企业必须为员工缴纳社会保险，若员工以企业未缴纳社会保险为由将企业诉讼至法庭，企业一定会败诉，不仅要为员工补缴社会保险，还要承担一定的行政处罚。除此之外，社会保险对公司的保护还体现在当员工发生工伤事故时，可以由社会保险承担部分赔偿，减轻了企业的负担。

（四）建立全面、系统的企业规章制度

全面、系统的企业规章制度对企业的发展来说是必不可少的，其可以帮助企业在遇到问题或争议时有据可依。例如，当企业员工所做的工作没有达到企业规章制度的要求或其行为违反了公司的管理制度，企业就可以根据相关的规章管理制度及合同中的条款规定与该员工合法解除雇佣关系，避免劳资纠纷的发生。对于大学生创业者来说，建立全面、系统的企业规章制度更是创业的必要条件。具备此项条件后，如果再遇到一些企业内部的纠纷，创业者就可以根据企业规章制度做出决定。

三、大学生创业中常见的法律纠纷的处理方法

大学生创业中常见的法律纠纷均可通过民事诉讼、仲裁这两种方法来解决，下面将对这两种方法进行具体的介绍。

（一）民事诉讼

1.民事诉讼的内涵

诉讼，即打官司，是指国家审判机关——人民法院，在当事人和其他诉讼参与人的参加下，依照法律规定解决诉讼争议问题的活动。民事诉讼是诉讼的一种，其他还有行政诉讼、刑事诉讼。民事诉讼是大学生在创业过程中最常接触的诉讼类型。

民事诉讼的定义为人民法院在当事人双方和其他诉讼参与人的参加下，审理和解决民事案件的活动。民事诉讼主要依据的法律为《中华人民共和国民事诉讼法》。

2.民事诉讼的具体内容

进行民事诉讼的第一个步骤为起诉，其是指公民、法人或其他组织因自

己的民事权益受到侵害或与他人发生争议,而向法院提出诉讼请求的行为。在诉讼过程中,证据有着非常重要的作用。一般来说,当事人对自己提出的诉讼请求所依据的事实或反驳对方诉讼请求所依据的事实具有举证责任。在诉讼裁决后,若当事人双方任意一方对判决结果不服,可行使上诉权提起上诉,要求上级人民法院对案件进行二审。

(二)仲裁

1.仲裁的内涵

仲裁是指当事人双方在争议发生前或发生后达成协议,将争议事项提交仲裁机构进行审理,并由仲裁机构做出具有约束力的裁决,当事人双方对此裁决有义务执行的争议处理方式。仲裁充分尊重当事人双方的意见,并且具有法律效力。仲裁是不公开审理的,并且仲裁一旦生效,当事人双方即使不服也无法再次针对同一纠纷申请仲裁或向法院提起诉讼。

2.仲裁的注意事项

通过仲裁处理争议或纠纷时,需要注意以下几点问题。

①明确仲裁的范围。《中华人民共和国仲裁法》规定,平等主体的公民、法人和其他组织之间发生的合同纠纷和其他财产权益纠纷,可以申请仲裁;婚姻、收养、监护、扶养、继承纠纷,以及应当依法由行政机关处理的行政争议及劳动争议案件不能仲裁。

②通过仲裁处理争议必须是当事人双方自愿的,并且要达成仲裁协议,并以书面形式提交仲裁机构。

③仲裁没有二审,但可撤销,需要满足一定的条件。

第七章　万众创新背景下大学生创新常见的法律问题处理

"大众创业、万众创新"是促进我国经济发展的动力之一。万众创新在大学生日常生活中的体现主要是指大学生进行技术创新,在这一过程中,可能也会遇到一些法律问题。本章以大学生创新中常见的法律问题处理为重点,主要介绍技术创新成果许可的实施、技术创新成果资本化的方法、依法享受技术创新的税收优惠及其他常见的技术创新法律问题处理。

第一节　技术创新成果许可的实施

技术创新能够为大学生创业带来无限的机遇,同时也会让大学生面临更多的挑战。技术创新成果如果想得以实施,首先需要通过技术实施许可。本节先介绍技术创新的含义与类型,然后介绍技术创新成果实施许可的相关内容,为大学生创业者实施创新成果提供参考。

一、技术创新概述

技术创新对大学生创业者来说是非常重要的,一方面,技术创新能够为大学生创业奠定基础,提供更多的创业机遇;另一方面,技术创新是企业不断发展的必要条件,创业者只有不断进行技术创新,才能赋予企业源源不断的成长动力。下面从技术创新的含义、模式、类型三个方面来对技术创新展开阐述。

(一)技术创新的含义

在《中共中央国务院关于加强技术创新,发展高科技,实现产业化的决定》中,对技术创新的含义进行了解释,即企业应用创新的知识和新技术、新工艺,采用新的生产方式和经营管理模式,提高产品质量,开放生产新的产品,提供新的服务,占据市场并实现市场价值。根据这一解释,我们可以对技术创新进行更深层次的理解,并将技术创新的含义引申为以下四点。

①技术创新是一种生产技术活动,更是一种经济活动,其主要目的是为生产经营提供新的技术要素,从而为企业创造更多利润。

②技术创新的关键在于研发成果的商品化。

③技术创新包括产品创新、服务创新和过程创新。

④技术创新需要各种非技术变化的创新环节的支持和配合,因此具有系统性特点。

（二）技术创新的模式

技术创新始终围绕市场目标进行,根据技术和市场在驱动创新过程中起到的作用的不同,可将技术创新分为以下三种模式。

1.市场需求拉动模式

市场需求拉动模式是指创业者会根据市场的需要来制定和研发自己的产品或服务、技术开发的目标与战略。这种技术创新的模式是依靠市场需求拉动的,如今社会中60%～80%的重要创新,如通信产业、汽车产业等的技术创新都是这种模式。

2.技术推动模式

技术推动模式是指创业者根据国内外科技发展的态势,有计划地开发出新的技术成果并投入市场,以此开发和引导市场产生新的需求。这种技术创新的模式是依靠技术发展拉动的,从技术成果落地到引入市场需要经过非常繁杂的程序,以及大量的人力、物力,并且创业风险相对较高。人造纤维、半导体等技术创新是此种模式。

3.双重作用模式

双重作用模式是指创业者在综合考虑研究开发可能得到的成果与市场对此成果需求的基础上产生的技术创新。随着科学技术和经济的快速发展以及技术创新过程的复杂化程度加深,大部分情况下我们很难区分是技术推动还是市场需求拉动技术创新,因此此种模式也就应运而生。

(三)技术创新的类型

1.根据研究开发成果的层次与水平分类

根据研究开发成果的不同层次和水平,技术创新可分为以下三种类型。
(1)突破型技术创新

突破型技术创新是指最新的科技研究成果转移到或物化为技术成果,或者是独辟蹊径所实现的原理性发展。突破型技术创新往往具有划时代的意义,能够引起全新的产业发展。激光技术、晶体管技术等均属于突破型技术创新。

(2)应用型技术创新

应用型技术创新是指技术成果向垂直深度开发应用,或在广度上向横向其他领域移植、派生。例如,集成电路向超大规模方向开发利用、超声波技术移植应用等都属于应用型技术创新。

(3)改进型技术创新

改进型技术创新是指通过对已有技术进行改进、完善产生的创新成果。空调制造技术的改进、元器件的升级等都属于改进型技术创新。

2.根据创新内容分类

根据技术创新内容的不同,可将技术创新分为产品创新、过程创新、服务创新三种类型。

(1)产品创新

产品创新是指研制开发新产品,或对已有产品进行升级改造的商业化活动。

(2)过程创新

过程创新是指对生产过程进行创新,即对产品的生产技术或程序进行改造升级,如新工艺、新的管理模式等。

(3)服务创新

服务创新是指将新设想转变成新的或经过改进的服务,主要包括应用最新技术提供新的服务、改变组织结构推出新的服务,这是一种特殊的产品创新,如电子支付、智能快递柜等。

二、技术许可的含义与合同形式

(一)技术许可的含义

技术许可是指技术提供方以技术许可协定的方式,将自身有权处置的某项技术许可给技术接受方,技术接受方可按照合同规定使用该项技术,而技术提供方可获得一定的使用费或其他报酬的一种技术转移方式。

技术许可从本质上来讲是对技术有关权益进行支配,在保留专有权的前提下,来获得一定的经济利益,在一定范围内将与技术有关的专有权或其中的某些使用权交由他人行使。

(二)技术许可的合同形式

通过技术许可进行的经济活动被称为许可证贸易,其是可以实现国家间、企业间技术创新成果交流的重要途径之一。许可证合同又被称为许可证协议,是指发许可证者(供方)——技术成果的合法拥有者,与许可证的受领者(受方)——技术成果的拟用者或相关使用费的缴纳者之间,通过谈判达成协议后,所缔结的法律文书。

许可证贸易在技术贸易中占据了重要地位,受到了各界的广泛关注和应用,因此其也被纳入了法制管理的范畴。创业者应对其进行了解,以便在对技术创新成果进行相关贸易时,有效避免法律纠纷。

三、技术许可中的利益与风险

技术许可贸易同样是双方参与的经济活动,目的是实现相应的利益追求,但交易双方所期望的利益往往是不同的,因此所面临的风险也有所差异,需要分别注意。

(一)技术许可中的利益

1.供方在技术许可中的利益

供方之所以会将自己的技术创新成果授权给他人使用,主要是受以下四点利益的驱使。

第一,自身不需要再投入精力将相关技术落地便能收回研发成本,甚至能够取得更多的收益。

第二,过早更新技术或设备可能会对自身企业不利,将新技术或设备先由他人使用,能够减少本企业的损失。

第三,利用受方更为廉价的原材料或劳动力,生产出成本更低的产品,以便增加产品的竞争力。

第四,扩大本企业产品在国内外的有形商品市场。

2.受方在技术许可中的利益

受方进行技术贸易的目的通常为引进先进技术,以促进本企业或本国的经济的发展,他们从中能够获得的利益如下。

第一,直接获得最先进的技术成果,降低研发成本。

第二,与直接引进设备或产品相比,引进技术投资更少,获得效益的效率更高。

第三,能够发挥本地在资源和劳动力方面的某些优势。

第四,借助供方的力量培训自己的技术队伍,为自身的技术研发提供灵感。

(二)技术许可中的风险

1.供方在技术许可中的风险

提供创新技术或先进技术的供方在技术许可中可能承担的风险主要有以下两种:第一,将先进技术提供给供方,使其逐渐变成势均力敌的竞争对手,甚至是强于自己的对手;第二,丧失技术的某些专有权。

2.受方在技术许可中的风险

对于受方来说,其在技术许可中整体是利大于弊的,但这并不意味着就不存在风险。受方在技术许可中可能会遇到的风险主要有三种:第一,技术上过于依赖供方;第二,由于对相关法律法规缺乏了解而上当受骗;第三,对技术市场行情不了解而花冤枉钱。

四、技术的特点与许可的分类

(一)技术的特点

并不是所有的技术都可以进行技术许可贸易,我国相关法律对"技术"

有明确的界定。技术许可中的技术具有以下三个特点。

1.必须是特定的技术方案

技术许可中的技术不能是抽象的、原理式的,需要有特定的名称、技术指标、功能、适用范围和生产方法等。具体来说,特定的技术方案就是某一种产品、工艺、材料的系统完整的技术方案。

2.必须是现实、具体的技术方案

只有供方已经掌握的技术才可以作为被许可的技术,若供方对某项技术都一知半解,那么受方是不可能利用该技术进行生产或科研实践的。因此,能够进行技术许可贸易的技术必须是现实、具体的技术方案,而不能是需要进一步开发、尚未确定的技术。

3.必须是权利化的技术方案

权利化的技术方案是指通过法律或合同合法设定了专利申请权、专利权、专利实施许可权、技术秘密使用权、转让权的技术方案。技术许可从本质上来讲是对技术有关权益进行的支配,因此参加技术许可贸易的技术必须具有权属,那些专利期满或属于社会公知的技术都不符合技术许可合同的要求。

(二)许可的分类

在实践中,技术许可呈现出了复杂的形态,为了进一步对其进行区分,可根据不同的分类标准对其进行分类,具体如图 7-1 所示。

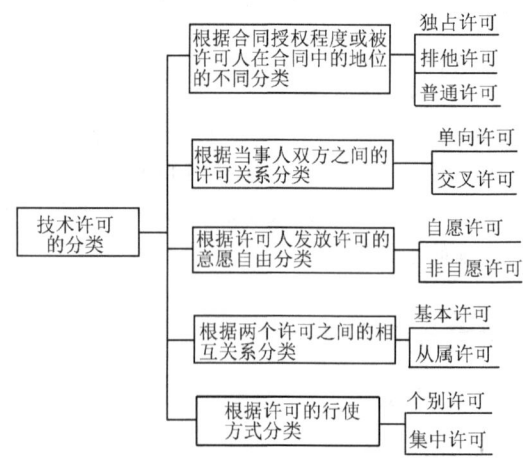

图 7-1 技术许可的分类

第七章　万众创新背景下大学生创新常见的法律问题处理

第二节　技术创新成果的资本化

技术创新成果的资本化是指通过市场机制使技术创新成果转化为资本,从而实现技术创新成果市场化的过程。本节先对技术资本化的特点、弊端和作用进行简单介绍,然后以知识产权出资为例,具体介绍技术创新成果资本化的方式。

一、技术资本化概述

(一)技术资本化的特点

技术资本化一般要经过两个阶段,第一阶段为技术的商品化阶段,即初级阶段;第二阶段为技术的资本化阶段,即高级阶段。在这一过程中,技术资本化主要具有以下五个特点。

①技术资本是投资的一种,其可以享有企业增值的利润。持有技术的个人或企业可以通过交易,将技术资本的价值转化为资本,以供新技术的研发。

②技术资本化能够让持有技术的企业不断地进行创新发展,这样能够有效避免一次性技术转让的劣势。除此之外,技术资本化能够刺激技术持有企业不断进行创新研究,使新的产品不断进入市场,提升企业竞争力。

③技术资本化能够促进其他生产要素的发展。

④技术资本化具有控制性和垄断性,因此技术资本化具有高回报性。

⑤技术资本化不仅能够提高企业的创新和竞争能力,还能够促进科研院所和高等院校的发展。

(二)技术资本化的弊端

虽然技术资本化大多时候对供受双方来说是有利的,但由于技术是一种无形的资产,其价值是很难确定的,对其价值的预估会直接影响资本化技术成本回收与获利的多少,估值过低或过高对供受双方都是不利的。

除此之外,技术有生命周期,经过一定时间的应用,其价值会逐渐减少甚至消失。当将技术作为资本进行投资时,就相当于将技术价值固定了,若经过一段时间的利用,该技术已经丧失价值或需要更新,但由于它是股本,供方仍能够获得利润分红,这对引进技术的企业往往是不利的。以上两点均为技术资本化的弊端。

(三)技术资本化的作用

技术资本化具有以下几点作用。

1.促进科技成果转化

科技成果往往都是在科研机构、院所或高等学校中诞生的,基本都是实验室成果,在其真正能够被企业使用前,需要进行二次开发。但是一般的科研机构、院所或高等学校没有雄厚的资金、专业的设备和技术人员来进行二次开发,并且大部分企业也不愿意购买这些实验室科技成果或委托他们进行二次开发。因此,为了改变这一现状,技术资本化就显得尤为重要。技术资本化能够将研发机构与企业的利益相结合,使二者成为一个整体,促进科技成果的转化。

2.促进产学研的有效结合

技术资本化是连接产学研的桥梁,一方面,其能够促进科研人员以市场为导向进行科技研发和技术创新;另一方面,其能够让企业更加重视科技研发和技术创新,使高等院所和科研机构成为技术成果转移、转化的辐射源和孵化器。

3.吸引国外优秀技术和管理人才

技术资本化能够吸引国外的智力资本、优秀技术和管理人才来为我国的经济发展贡献力量。技术资本化是国家间、企业间合作的良好方式,促进彼此之间的交流,以促进我国的经济发展。

4.支撑和保障高新技术产业发展

高新技术产业的发展需要资本、人才、技术、市场与环境的有效结合,其中人才和技术是其发展的不竭动力,资本是资产增值的条件。技术资本化能够有效支撑和保障高新技术产业的发展,为其提供技术和资本,使其获得更大的发展空间。

二、知识产权出资

(一)知识产权出资的意义

知识产权出资,对知识产权所有人或权利人、企业及社会等都具有积极的意义,具体如下。

第一,对权利人而言,使用知识产权出资能够使投资者出资更加便捷,减少现金出资,同时其自身也能够获得较好的投资利益,这对推进科研进度具有积极的作用。

第二,对接受方而言,接受了知识产权,就能够获得技术成果与技术优势,能够在市场竞争中占据一定的优势,也能够避免在同一技术领域重复付出,同时还能在技术成果中获得启迪,进而确定下一步计划。

第三,对整个社会而言,知识产权出资能够促进企业间的良性竞争,提升各企业的水平,进而推动我国的生产方式从粗放型向集约型转变,促进我国经济的发展。

(二)知识产权出资的特点

知识产权出资的特点主要体现在以下四个方面。

1.知识产权出资评价难度大

同其他财产相比,知识产权的评估难度相对较大,其原因主要有三点:第一,知识产权价值的大小会受市场流通状况、使用领域等多种外在因素的影响;第二,在实践中,依据知识产权所处的时间效力来对知识产权进行正确的评估是相当困难的;第三,当前我国并没有建立完善的知识产权品质制度,知识产权评估的审查标准及程序也不完善,同时许多评估机构的权威性、专业性相对不足,导致评估结果的可信度不高。

2.知识产权出资效力不确定

知识产权出资效力的不确定性主要体现在以下三点。

第一,知识产权本身的特点决定了知识产权出资效力具有不确定性。知识产权是企业的重要资产,其能否发挥出应有的作用,主要取决于企业对知识产权的维护、运营及企业所处的环境等因素,而这些因素并不是一成不变的,而会时刻处于变化中。因此,知识产权出资所带来的经济效益是不稳定的,随时可能会发生变化。

第二,要取得知识产权,需要由法律确定或授予,即使知识产权在有效期内,其也可能会因一些法定事由而失效。

第三,知识产权具有地域性,如果外国拥有的知识产权想在我国境内出资,就必须获得我国法律的承认,如果不符合我国的要求,就不属于知识产权,不能以知识产权的形式出资,这就造成了知识产权效力的不确定性。

3.知识产权出资具有时效性

知识产权出资的时效性特点,具体体现为其具有法定的时间性与一定的经济寿命。当知识产权向企业出资时,其出资的效力也会有时效性,具体表现在两个方面:第一,知识产权具有法定时间性,这会影响知识产权的有效性;第二,知识产权所处的时间段会影响知识产权的出资效力。

4.知识产权出资具有权利复杂性

知识产权出资权利的复杂性主要体现在两个方面:一方面,知识产权出资的权利具有多样性,知识产权本身包括专利权和商标使用权,这两种权利在不同的领域又有不同的表现形式,且包含着许多不同类型的权利;另一方面,知识产权的复杂性还体现在权利让渡具有一定的层次性。

(三)知识产权出资的方式

知识产权出资的方式主要有两种,一种是产权所有人自己直接使用知识产权,另一种是产权所有人将知识产权转让或许可他人实施。下面将重点阐述产权所有人将知识产权转让或许可他人实施的方式。

1.知识产权所有人以转让知识产权的方式出资

知识产权所有人以转让知识产权的方式出资,符合《中华人民共和国公司法》对于资本信用考量的各种规定。如果使用了这种方式,转让也就成为永久性转移,公司就对该产业知识享有最终所有权和最终处分权。

2.知识产权所有人以许可的方式出资

如果知识产权的所有人以许可的方式出资,那么拟成立的公司须用一种外在的表现形式来证明其自身是拥有知识产权的合法性、排除他人的不当使用权利的,这种外在的形式是出资登记或备案。

(四)知识产权出资的风险及其防范

知识产权出资会有一定的风险,如瑕疵风险、有效期限制风险、出资后产权转移风险等,下面将对这些风险和防范进行阐述。

1.知识产权瑕疵的法律风险和防范

技术出资方在出资时会面临知识产权违法性、不完整性的法律风险。为了防范这一风险,技术出资方应在合同或协议中写明"投资方保证,所投入的高新技术投资前是其独家拥有的技术成果,与之相关的各项财产权利是完全的、充分的,并没有任何瑕疵"。

2.知识产权有效期限制的法律风险和防范

工业产权中的专利权与商标权出资都应在其有效期之内,一旦超过有效期,就属于出资瑕疵,因此技术出资方需要注意此方面的内容,在出资前要确定知识产权的有效期[16]。

3.知识产权出资后产权转移的法律风险和防范

知识产权具有出资后产权转移的法律风险,不当的流转或交易都可能不利于知识产权价值的维护和利用。为了预防知识产权出资后产权转移的法律风险,签订投资协议或公司章程时可以采取以下措施:第一,要明确约定知识产权归公司所有;第二,要约定各方具有知识产权保密义务,并要制定相应的企业商业秘密制度;第三,可以通过技术员工股权激励的方式保护知识产权,这样能够促进科技人员带技入股,有利于高新技术的运用和专利权的保护。

第三节 依法享受技术创新的税收优惠

技术创新是企业发展的原动力,为了鼓励企业加大对技术创新的投入,国家制定了一系列针对技术创新的税收优惠政策。本节将对一般性的税收优惠方式和针对企业自主创新的税收优惠政策进行介绍。

一、税收及税收优惠方式

(一)税收的概念

税收是指国家为了向社会提供公共产品,以满足社会的共同需要,而依法运用法律手段,强制地、无偿地、固定地参与一部分社会产品的分配,以取得财政收入的一种规范形式。税收不仅是国家财政收入的主要来源,同时也是国家贯彻经济政策、有效实施宏观经济调控的一种重要政策工具。

(二)常见的税收优惠方式

确定起征点和规定免征额是税收优惠的两种形式。确定起征点是为了照顾那些经营规模小、所得收入少的纳税人;免征额是指按照一定标准从纳税对象的收入中扣除一定数额,对所扣除部分不征税,只对超出该数额的部分征税。除此之外,常见的税收优惠方式还包括以下几种。

1.减税

减税即按照税法规定,对纳税义务人的一部分应纳税款予以减除。减税是一种为了对某些征税对象进行扶持、鼓励、照顾,以减轻其税收负担的特殊规定,一般包括三种类型,即法定减税、特定减税、临时减税。

2.免税

免税是指国家为实行一定的政治经济政策,通过免征全部税款的方式对某些纳税人给予的鼓励或特殊照顾,包括法定免税、特定免税、临时免税三种类型。一般情况下,免税大多出于以下几种原因:第一,国家经济政策要求对某些行业、某些企业、某些产品的发展给予一定的支持;第二,纳税人因遭受自然灾害或其他意外,而面临严重的经济损失,需要获得一定的特殊照顾;第三,生产经营条件发生较大变化,而税法所规定的税率一时之间又不宜调整,等等。

3.出口退税

出口退税是指国家为扩大出口贸易、提高出口货物的国际竞争力,而依照国际惯例退还已出口产品在出口前各环节所缴纳的国内流转税(主要包括增值税和消费税)。

4.即征即退

即征即退是指税务机关在征税时,将纳税人按照税法规定缴纳的税款部分退还或全部退还给纳税人。即征即退同样属于退税范畴,其实质是一种特殊的免税和减税方式。

5.先征后返

先征后返又称"先征后退",是指税务机关将按税法规定缴纳的税款征收入库后,再由财政部门按照一定的程序进行部分退税或全部退税,或原路返还已纳税款。先征后返属于财政补贴的范畴,在我国,先征后返的办法主要适用于缴纳流转税和企业所得税的纳税人。

与即征即退相比,先征后返所须遵循的程序和规定都较为严格,但这也导致了税款返还滞后的问题,尤其在一些财政困难的地区,甚至还会出现税款无法及时返还、政策落实不到位等问题。

6.税收抵免

税收抵免是指纳税人可将某些合乎规定的特殊支出,按照一定比例或全部从其应纳税额中扣除,从而减轻自身纳税负担的税收优惠政策。税收抵免的类型主要包括投资抵免和国外税收抵免两种,其中,投资抵免又被称作"投资津贴",可将其理解为政府对私人投资的补助,目的在于刺激民间投资,加快资本形成,提升经济增长的潜力。

7.其他税收优惠方式

除了上述几类税收优惠外,我国还制定了包括延期纳税、再投资退税、投资抵免等税收优惠政策。

延期纳税是指可适当延长纳税人应纳的部分或全部税款的缴纳期限。再投资退税是指当特定的投资者将其获得的利润再投资于本企业或新办企业时,之前的已纳税款可退还。投资抵免是指对企业用于购置专用设备(如环境保护、节能节水、安全生产等)的投资额,可按照一定比例抵免应纳税款。

二、推动科技进步和自主创新的税收优惠政策

(一)鼓励高新技术产业发展的税收优惠政策

为鼓励高新技术产业发展,国家制定了以下税收优惠政策:第一,对软件产品增值税的实际税负超过3%的部分,实行即征即退政策;第二,新办

的软件类、集成电路类企业,自获利年度起实行"两免三减半";第三,软件集成电路企业的职工培训费,税前全额扣除,且集成电路企业实行再投资退税;第四,规划布局重点软件企业适用10%的企业所得税税率;第五,国家重点扶持的高新技术企业,减按15%的税率征收企业所得税。

（二）鼓励企业增加研发投入的税收优惠政策

为鼓励企业增加研发投入,提高自主创新能力,国家制定了以下税收优惠政策:第一,企业用于开发新产品、新技术、新工艺的研发费用,可在税前按照实际发生额的150%扣除;第二,企业职工的教育经费支出,不超过工资薪金总额2.5%的部分准予扣除,超过部分准予在纳税年度结转时扣除;第三,对于企业为生产高新技术产品、承担国家科技计划重点项目等而进口的关键设备、科研仪器、教学用品等,可免征进口关税和进口环节增值税。

（三）鼓励先进技术推广的税收优惠政策

国家为鼓励先进技术的推广与应用,所制定的税收优惠政策主要如下:第一,在一个纳税年度内,企业技术转让所得不超过500万元的部分,可免征企业所得税,超过500万元的部分减半征收;第二,对于单位和个人因从事技术转让、技术开发、技术咨询、技术服务等业务所取得的收入,可免征营业税;第三,在一定期限内,可对转制的科研机构免征企业所得税、房产税、城镇土地使用税;第四,在一定期限内,可对科技企业孵化器、国家大学科技园免征营业税、房产税、城镇土地使用税。

第四节　万众创新中常见的法律纠纷处理

在万众创新过程中最常出现的法律纠纷主要集中在知识产权层面,即著作权侵权纠纷、商标侵权纠纷、专利侵权纠纷、网络知识产权侵权纠纷。

一、著作权侵权纠纷

（一）基本概念

著作权侵权是指一切违反《中华人民共和国著作权法》,对著作权人依法享有的著作人身权、著作财产权进行侵害的行为。具体来讲,无论侵权行为是否对著作权人造成了财产损失,只要行为人实施了《中华人民共和国著作权法》第四十七条、第四十八条所规定的行为,这些行为都属于著作权侵权。

著作权侵权纠纷是指各方当事人针对行为人的行为是否构成侵权、如果构成侵权应当承担哪些法律责任等问题,而引发的争执。

(二)著作权侵权的类型

1.侵权行为的种类

《中华人民共和国著作权法》第四十七条和第四十八条明确规定了侵权行为的具体表现及侵权人应当承担的法律责任,摘要整理如下。

(1)《中华人民共和国著作权法》第四十七条规定的侵权行为

出现下列侵权行为的,行为人应根据实际情况,承担起停止侵害、消除影响、赔礼道歉、赔偿损失等一系列民事责任。

第一,未经著作权人许可,将其作品对外发表。

第二,未经合作作者许可,将与他人共同创作的作品作为自己单独创作的作品进行发表。

第三,未曾参与创作,但为了谋求个人利益,对他人的作品进行署名。

第四,歪曲、篡改、剽窃他人作品。

第五,未经著作权人许可,以类似展览、摄制电影的方式对作品进行使用,或以翻译、改编、注释等方式使用作品。

第六,使用他人作品时,应当支付报酬但未支付。

第七,未经电影作品(或以类似于摄制电影的方式创作出的作品)、计算机软件、录音录像制品的著作权人或相关权利人的许可,出租其作品或音像制品。

第八,未经出版人许可,使用其所出版的图书、期刊等的版式设计。

第九,未经表演者许可,对其现场表演进行直播、录制、公开传送。

第十,其他对著作权及相关权益进行侵犯的行为。

(2)《中华人民共和国著作权法》第四十八条规定的侵权行为

出现下列侵权行为的,行为人应依法承担停止侵害、消除影响、赔礼道歉、赔偿损失等民事责任;如侵权行为损害了公共利益,行政管理部门应责令行为人停止侵权行为,并没收其违法所得,同时没收、销毁侵权所得的复制品,并处以罚款;情节严重者,行政管理部门还可没收其用于制作侵权复制品的设备、材料、工具等;如侵权行为已构成犯罪,将依法追究行为人的刑事责任。《中华人民共和国著作权法》第四十八条所规定的侵权行为具体摘要整理如下。

第一，未经著作权人许可，对其作品进行复制、发行、表演、放映、广播、汇编、通过信息网络向公众传播其作品的，本法另有规定的除外。

第二，出版他人享有专有出版权的图书的。

第三，未经表演者许可，复制、发行录有其表演的录音录像制品，或者通过信息网络向公共传播其表演的。

第四，未经录音录像制作者许可，通过信息网络对其所制作的录音录像制品进行复制、发行、传播。

第五，未经许可，对广播、电视的内容进行播放或复制。

第六，未经著作权人及相关权利人的许可，故意避开或破坏著作权人为维护自身合法权益而采取的技术措施。

第七，未经著作权人及相关权利人的许可，故意删除或改变其作品、录音录像作品等的权利管理电子信息。

第八，制作、出售假冒他人署名的作品。

2.侵害著作权人的人身权

在上述侵权行为中，主要对著作权人的人身权造成侵害的行为可概括为以下几种：①抄袭、剽窃；②未经许可，发表著作权人的作品；③未经合作者许可，将合作作品以独创作品的形式发表出来；④在自己从未参与创作的作品上进行署名；⑤歪曲、篡改、假冒他人的作品。

3.侵害著作权人的财产权

在上述侵权行为中，主要对著作权人的财产权造成侵害的行为可概括为以下几种，如图7-2所示。

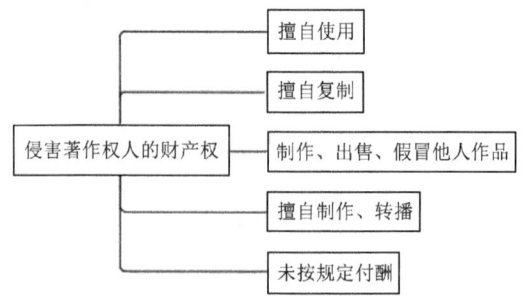

图7-2 侵害著作权人财产权的行为

(三)著作权侵权纠纷的处理

当著作权人发现自己的合法权益受到不法侵害时,可通过调解、仲裁、诉讼等方式解决侵权纠纷。

1.调解

调解是指当纠纷发生时,当事人在调解组织的主持下达成和解协议的纠纷处理方式。其中,调解组织既可以是著作权的行政管理部门,也可以是社会团体或群众组织。一般情况下,著作权侵权纠纷和合同纠纷都可以通过调解的方式加以解决。

需要注意的是,调解协议并不具备法律上的强制性,不可强制执行。也就是说,一旦一方当事人在协议达成后反悔,不同意执行调解协议上的内容,那么调解协议将失去效力。此时,当事人可通过诉讼来解决纠纷。

2.仲裁

仲裁是指由仲裁机构依据仲裁程序,对当事人的纠纷进行裁决的纠纷解决方式。对著作权的仲裁主要集中在对著作权合同纠纷的解决上,且只有在著作权合同中订立有仲裁条款、或事后达成书面仲裁协议的情况下,当事人才可以申请仲裁。著作权的仲裁由著作权仲裁机构负责,其所做出的仲裁结果具有法律强制力,如一方当事人不履行仲裁裁决,另一方可申请人民法院强制执行。

3.诉讼

诉讼是指当事人依照诉讼程序,向人民法院提出诉讼,以解决著作权纠纷的一种方式,也是《中华人民共和国著作权法》中规定的最常用于解决著作权纠纷的方式。诉讼一般适用于以下两种情况:第一,当事人之间调解不成,或达成调解协议后,其中一方反悔;第二,仲裁裁决违法,有权不予执行。

当事人可向人民法院请求著作权保护的诉讼时效为2年,且该时效从著作权人知道或应该知道权利被侵犯之时起开始计算。在审理案件的过程中,人民法院有权对侵权人的违法所得(包括侵权的复制品、用于从事违法活动的财物等)予以没收。

二、商标侵权纠纷

（一）基本概念

商标侵权是指行为人在未经过商标权人许可的情况下，在相同或相似的商品上，使用与商标权人所注册的商标相同或相似的商标，或干涉、妨碍商标权人使用其所注册的商标，导致商标权人的合法权益受到侵害的行为。商标权人有权要求侵权人停止侵害、消除影响、赔礼道歉、赔偿损失。

（二）商标侵权的构成要件

商标侵权行为的构成要件主要包括以下四点。

第一，违法行为存在。《中华人民共和国商标法》对商标侵权行为做出了明确的规定，只有当行为人的行为符合法律规定的侵权情形时，才构成商标侵权。

第二，存在损害事实。《中华人民共和国商标法》规定，商标权人如有证据证明他人正在实施或即将实施侵犯其商标权的行为，且如不对该行为加以制止，商标权人将遭受难以弥补的损失，那么商标权人可在起诉前向法院申请责令停止侵权行为和财产保全的措施。所以从某种意义上来讲，损害事实已不再是所有商标侵权行为的必备构成要件，但大多数商标侵权行为仍是存在损害事实的。

第三，侵权行为与损害结果之间存在因果关系。这一要件适用于存在损害事实的侵权行为，且只有在需要确认侵权人应承担的责任大小时，对因果关系的认定才具有实际意义。

第四，商标侵权行为存在过错。《中华人民共和国商标法（2019年修正）》不再限制行为人的主观状态，也就是说，即使行为人并不知道其所售商品是侵犯注册商标专用权的，其行为仍属于商标侵权行为，只不过如果其能证明商品由自己合法取得并能指出提供者，可不承担赔偿责任，但商品仍会由工商行政管理机关责令停止销售。

（三）商标侵权行为的类型

《中华人民共和国商标法》规定，出现下列行为之一的，均被视为侵犯注册商标专用权，摘要整理如下：第一，未经商标注册人的许可，在同类商品上使用与其注册商标相同的商标；第二，未经商标注册人的许可，在类似商品上使用与其注册商标相同或相似的商标,进而造成混淆;第三,销售侵犯注册商标专用权的商品;第四,伪造、擅自制造注册商标标识,或销售伪造、擅自制造的商标标识;第五,未经商标注册人同意,更换其注册商标,并将更换后的商标商品重新投入市场;第六,故意为侵犯他人商标权的行为提供便利,以帮助他人实施侵犯商标专用权的行为;第七,给他人的注册商标专用权造成了其他损害。

(四)商标侵权纠纷的处理

根据《中华人民共和国商标法》的规定,凡因出现侵犯商标权行为而引起纠纷的,当事人可首选协商解决;如当事人不愿协商或协商不成,商标注册人则可以向人民法院起诉,或请求工商行政管理机关处理。

1.协商解决方式

《中华人民共和国商标法》之所以承认协商解决方式的有效性,是因为部分侵权行为损害的只有商标注册人的权益,而未造成社会影响,如果能够通过双方当事人自行协商的方式来解决由此引发的争议,则有助于减少社会资源的浪费,同时侵权人也可免予行政处罚。但要注意的是,自行协商的方式只适用于未构成刑事犯罪的商标侵权纠纷,如果侵权人将侵犯他人商标权作为主业,且侵权所得数额已达到犯罪立案的标准,那么必须对其追究刑事责任。

2.行政解决方式

商标侵权案件一般由侵权人所在地的工商行政管理机关或侵权行为发生地的工商行政管理机关负责行政管辖。县级以上的工商行政管理机关在经过调查取证,并进行事实认定的基础上,可对侵权行为予以制止,并根据违法事实的情节轻重,对侵权人做出相应的行政处罚。如工商行政管理机关认定侵犯商标权行为的存在,其在调查取证时可依法行使以下职权,如图7-3所示。

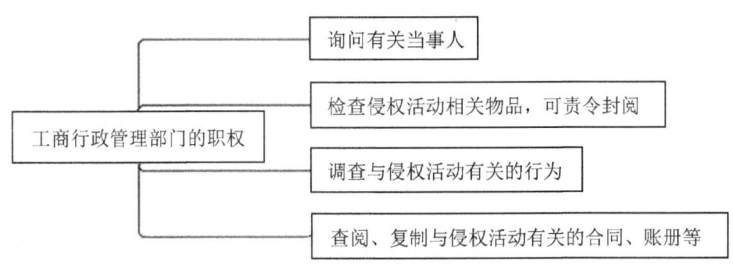

图 7-3 工商行政管理机关的职权

3.诉讼解决方式

(1)管辖

商标侵权案件一般交由侵权人所在地或侵权行为发生地的人民法院管辖,至于具体向哪一法院提出起诉,则可由被侵权人自行选择。由于商标侵权案件普遍复杂,因此,第一审商标民事案件应由中级以上人民法院或最高人民法院指定的基层人民法院进行管辖。

(2)民事制裁

在处理商标侵权案件时,人民法院一般会采用民事制裁的方式,来维护被侵权人依法获得的损失赔偿请求权、归还不当利益请求权、恢复信誉请求权等。具体来讲,人民法院会单独使用或合并使用以下措施:第一,责令侵权人立即停止侵害;第二,消除影响,恢复被侵权人的商业信誉,如责令侵权人刊登道歉声明等;第三,由侵权人赔偿被侵权人的损失,既包括侵权人因侵权行为所获得的利润、被侵权人因被侵权而遭受的损失,也包括被侵权人在调查取证、聘请诉讼代理人等方面花费的费用;第四,除了上述三点,法院还可采取训诫、责令具结悔过、没收非法所得、罚款、拘留等措施。

(3)民事诉讼

商标侵权案件的诉讼解决一般应遵循民事诉讼程序。被侵权人依法向人民法院提出诉讼后,人民法院经过审查,认定起诉符合法律规定的,应按照法定程序进行立案受理。

三、专利侵权纠纷

(一)基本概念

专利侵权是指在专利权的有效期限内,在未经专利权人许可的情况下,以生产经营为目的实施专利的行为。所谓"实施专利",即制造、使用、销售、进口他人的专利产品,或通过使用他人的专利方法来制造、销售相关产品。

专利侵权纠纷即发生在专利权人与未经其许可而实施其专利的侵权行为人之间的争议。

(二)专利侵权纠纷的类型

1.未经专利权人许可实施其专利的侵权行为

针对不同性质的专利,"实施"的含义也会有所不同。一般情况下,对他人专利的非法实施会以两种形式呈现出来:一是"改头换面",即对他人的专利进行较大程度但并未触及本质的改动,看似不是同一内容,但本质并无区别;二是部分侵权,即以原专利为参考或对其加以改进,通过部分侵权得来的产品有时甚至比原产品的性质更加优良,但也并不能掩盖其侵权行为的存在。

对于侵权行为,专利权人既可以请求相关部门予以处理,也可以直接向人民法院起诉。专利权侵权案件的诉讼时效为 2 年,且从专利权人知道或应当知道被侵权之日起开始计算。

2.假冒他人专利的侵权行为

假冒他人专利是指在与专利权人无关的产品或广告中,标明专利权人的专利标记和专利号,误导他人认为该产品由专利权人制造或生产的行为。由于被假冒的专利是客观存在的,因此这种行为所带来的负面影响也会波及更广,不仅直接损害了专利权人的利益,还欺骗了消费者,造成十分恶劣的社会影响。

(三)专利侵权纠纷的处理

1.协商解决

专利侵权纠纷属于民事纠纷,最好的解决方式应是由双方当事人自行协商,以平息纷争、化解矛盾。但如当事人不愿协商,也可通过行政手段或司法程序来处理纠纷。

2.行政处理

由专利管理机关处理侵权纠纷,是保护专利权的重要途径之一。专利管理机关有权认定侵权行为是否成立,如侵权行为成立,其有权责令侵权人立即停止侵权。当事人若对专利管理机关的处理决定表示不服,可在收到处理通知后的 15 天内向法院提起诉讼。如果侵权人既未在有效时间内起诉,又未停止侵权行为,专利管理机关有权向法院申请强制执行。

对于侵犯专利权的损害赔偿问题,专利管理机关同样有权进行调解,但由于损害赔偿属于民事救济方式,因此,专利管理机关只能针对当事人的请求予以调解,而不可做处理决定。

3.司法解决

所谓司法解决,是指在专利权纠纷发生后,司法机关为维护市场秩序,在对侵权行为予以制裁的同时,也会给予专利权人必要的司法救济。依据最高人民法院规定,专利纠纷第一审案件应由各省、自治区、直辖市人民政府所在地的中级人民法院或最高人民法院指定的中级人民法院管辖。但有时根据实际情况,最高人民法院也会指定基层人民法院负责专利纠纷第一审案件的管辖工作。

4.诉前临时措施

诉前临时措施是指在诉讼开始前,为制止正在实施或即将实施的侵权行为,而采取的相应措施。《中华人民共和国专利法》规定,如果专利权人有证据证明他人正在或即将实施侵犯自身专利权的行为,且如不对该行为加以制止,将会使个人合法利益遭受严重损害的,可在诉前向法院申请采取责令停止相关行为的措施。此外,为防止出现证据灭失或日后难以取证等情况,专利权人还可在起诉前向人民法院申请证据保全。

四、网络知识产权侵权纠纷

(一)基本概念

网络知识产权是指伴随着网络技术出现的、并与之相关的各类知识产权。网络知识产权不仅涵盖了传统的知识产权的内涵,还包括多媒体、数据库、计算机软件、网络域名、电子版权等内容。可以说,基于网络环境的知识产权的概念外延有了一定的拓展,发布在网络上的新闻、图片、音乐、视频等,都有可能作为作品而受到著作权的保护。

(二)网络知识产权的侵权方式

按照知识产权的传统分类方式,可将网络知识产权的侵权行为分为以下几种类型。

1.网上侵犯著作权的方式

网络著作权的侵权行为一般包括三种形式:第一,完全复制其他网站的内容;第二,对其他网络的内容稍加修改,但并未改变内容的精髓与核心,并给被侵权网络的形象带来不良影响;第三,运用技术手段窃取其他网站的数据,通过打造一个与之相近的网站的方式,来侵犯其他网站的利益。

2.网上侵犯商标权的方式

随着网络技术的发展,网络销售逐渐成为一种常见的交易手段。对于并不熟悉网络销售流程的民众来说,浏览网页、点击图片是其在参与网络交易过程中了解产品的最主要方式。在这种情况下,如果商家明知商品的注册商标是侵权而来的,或该商标属于假冒注册商标,但仍对该商品进行销售,那么这种行为就属于网上侵犯商标权的典型行为。

3.网上侵犯专利权的方式

网上侵犯专利权的方式主要包括以下三种:第一,未经许可,将他人的专利号标注于自己制造或销售的产品及包装上;第二,未经许可,在宣传材料或合同中使用他人的专利号,从而引发误解和争议;第三,伪造或变造他人的专利申请文件、专利文件和专利证书。

(三)网络知识产权纠纷的处理

1.民间调解

随着社会的不断发展,越来越多的民间组织逐渐涌现出来,其中不乏一些为民众提供法律服务的民间组织。虽然知识产权所涉及的领域较为广泛,内容也相对复杂,且具有较强的专业性,但民间法律组织仍可通过民间调解的方式,协助解决一些所涉金额较少、侵权行为负面影响较小的知识产权纠纷。

鉴于知识产权的专业性,民间调解组织的核心成员应为具有较高社会声望与法律素养之人。此外,由于民间调解是一种第三方经过纠纷双方同意后,居中调解的调节方式,因此具有较强的私密性,调解人应重视对当事人隐私的保护。

2.仲裁裁决

仲裁裁决的方式对于知识产权纠纷的解决具有独特优势:第一,仲裁员的专业水平整体较强,有利于增加仲裁结果的说服力;第二,仲裁程序不公开审理的特征,有助于对当事人的商业秘密进行保护;第三,对涉外知识产权纠纷进行仲裁,有利于克服地方保护主义和知识产权保护的地域性。需要注意的是,当事人在纠纷发生前或纠纷发生后所形成的仲裁合意,是仲裁适用的前提。

参考文献

[1]国务院.国务院关于大力推进大众创业万众创新若干政策措施的意见[EB/OL].(2015-6-16)[2020-6-17].http://www.gov.cn/zhengce/content/2015-06/16/content_9855.htm.

[2]中国社会科学院法学研究所法治宣传教育与公法研究中心."大众创业万众创新"法律知识读本[M].北京:中国民主法制出版社,2016:50.

[3]侯文华.大学生创新创业教育教程[M].北京:科学出版社,2012:1.

[4]庞开山.大学生就业与创业法律实务[M].北京:中国科学技术大学出版社,2011:28.

[5]孙石群.双创时代大学生创新创业教育的融合发展研究[M].北京:中国水利水电出版社,2019:128.

[6]教育部高等教育教学评估中心.系列高等教育质量报告首次发布——事实和数据说话,展现中国高等教育质量的自信与自省[EB/OL].(2016-4-76)[2020-6-30].http://www.moe.gov.cn/jyb_xwfb/xw_fbh/moe_2069/xwfbh_2016n/xwfb_160407/160407_sfcl/201604/t20160406_236891.html.

[7]陈杰明.新时期大学生思想道德教育与法律素质培养[M].长春:吉林大学出版社,2016:115.

[8]胡仕浩.劳动法司法解释 理解与运用·典型案例裁判理由[M].北京:中国法制出版社,2011:65.

[9]胡剑锋,程样国.马克思主义指导下的民办高校创新创业教育理论与实践[M].北京:社会科学文献出版社,2017:59.

[10]孙莉玲.大学生就业法律问题指导[M].南京:东南大学出版社,2019:41.

[11]全国人大常委会法制工作委员会民法室.《中华人民共和国物权法》条文说明、立法理由及相关规定[M].北京:北京大学出版社.2007:52.

[12]世界知识产权组织.建立世界知识产权组织公约(1979年10月2日修正)[EB/OL].(1979-10-2)[2020-6-21].https://wipolex.wipo.

int/zh/text/283836.

[13]邓辉.创业法学[M].上海:复旦大学出版社,2015:62.

[14]杨思斌,陈步雷.劳动法案例教程[M].北京:中国法制出版社,2009:89.

[15]王林清.劳动争议热点问题司法实务指引[M].北京:人民法院出版社,2010:58.

[16]李颖怡.知识产权法[M].广州:中山大学出版社,2002:47.